AF266758

ENCYCLOPÉDIE-RORET

CISELEUR

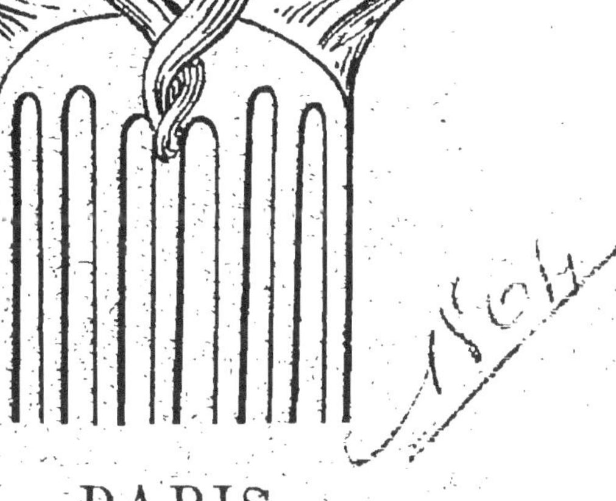

PARIS

ENCYCLOPÉDIE-RORET

L. MULO, LIBRAIRE-ÉDITEUR

12, RUE HAUTEFEUILLE, VIᵉ

ENCYCLOPÉDIE-RORET

CISELEUR

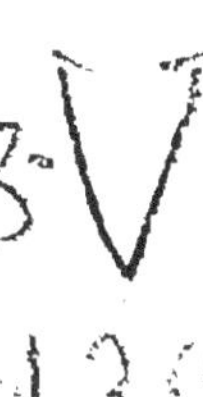

8° V 13825

EN VENTE A LA MÊME LIBRAIRIE

Manuel du Bijoutier-Joaillier et Sertisseur, traitant des Pierres précieuses, de la Nacre, des Perles, du Corail et du Jais, contenant l'Art de les tailler, de les sertir, de les monter, de les imiter, suivi de la description des principaux Ordres et la fabrication de leurs décorations, par JULIA DE FONTENELLE, F. MALEPEYRE et A. ROMAIN. 1 vol. accompagné de planches. 3 fr.

— **Bijoutier-Orfèvre**, traitant des Métaux précieux, de leurs Alliages, des divers modes d'Essai et d'Affinage, du Titre et des Poinçons de garantie de l'Or et de l'Argent, des divers travaux d'Orfèvrerie en or, en argent et en plaqué, du Niellage et de l'Emaillage des Métaux précieux, de la Bijouterie en vrai et en faux, de la fabrication des bijoux de fantaisie, en fer, en acier, en aluminium, etc., par J. DE FONTENELLE, F. MALEPEYRE et A. ROMAIN. 2 vol. avec fig. et planches. 6 fr.

— **Dessinateur**, ou Traité complet du Dessin, par BOUTEREAU, professeur. 1 vol. accompagné d'un Atlas de 20 planches, dont quelques-unes coloriées. 5 fr.

— **Graveur**, ou Traité complet de la Gravure en creux et en relief, Eau-Forte, Taille douce, Héliogravure, Gravure sur bois et sur métal, Photogravure, Similigravure, Procédés divers, Clichage des gravures en plomb et en galvanoplastie, Fabrication des Cartes à jouer, Gravure de la musique, etc., par VILLON. 2 volumes ornés de figures. 6 fr.

— **Peinture sur Verre, Porcelaine, Faïence et Email**, traitant de la décoration de ces matières, ainsi que de la fabrication des Emaux et des Couleurs vitrifiables et de l'Emaillage sur métaux précieux ou communs et sur terre cuite, par REBOULLEAU, MAGNIER et ROMAIN. 1 volume avec figures. Nouvelle édition revue par H. BERTRAN. 3 fr. 50

— **Tourneur**, ou Traité théorique et pratique de l'art du Tour, contenant la description des appareils et des procédés les plus usités pour Tourner les Bois et les Métaux, les Pierres, l'Ivoire, la Corne, l'Ecaille, la Nacre, etc. Ainsi que les notions de Forge, d'Ajustage et d'Ebénisterie indispensables au Tourneur, par E. de VALICOURT. 1 vol. grand in-8 contenant 27 planches de figures, 4ᵉ édition revue et corrigée. 15 fr.

— **Verrier et Fabricant de Cristaux**, Pierres précieuses factices, Verres colorés, Yeux artificiels, par JULIA DE FONTENELLE et MALEPEYRE. Nouvelle édition entièrement refondue par BERTRAN, Ingénieur des Arts et Manufactures, 2 vol. ornés de 235 fig. dans le texte. 8 fr.

MANUELS-RORET

NOUVEAU MANUEL COMPLET

DU

CISELEUR

CONTENANT

LA DESCRIPTION DES PROCÉDÉS

DE

L'ART DE CISELER ET REPOUSSER

TOUS LES MÉTAUX DUCTILES

BIJOUTERIE, ORFÈVRERIE, ARMURES, CISELURE

DU FONDU, BRONZES, ETC.

Des Notions sur les creux, les matrices, les poinçons, Raisons artistiques, Outillages, Procédés anciens et modernes, Oxydations naturelles et factices de l'argent, des bronzes, etc., etc.

Par **JEAN GARNIER**

Ciseleur-sculpteur

Nouvelle édition, revue, corrigée et augmentée

Par **C. CHOUARTZ**

Ciseleur

Ouvrage orné de 60 figures dans le texte

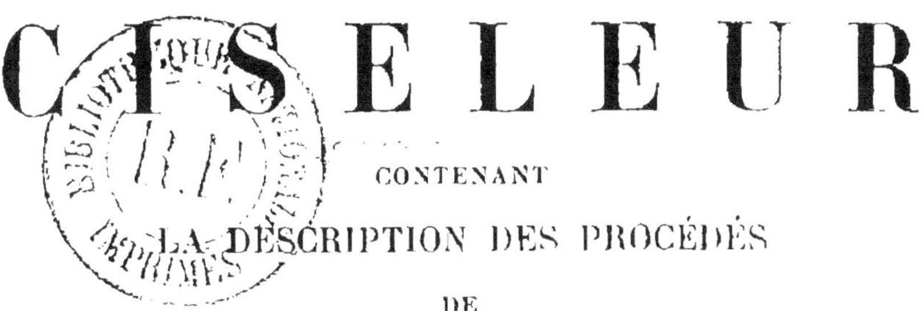

PARIS

ENCYCLOPÉDIE-RORET

L. MULO, LIBRAIRE-ÉDITEUR

12, RUE HAUTEFEUILLE, VIᵉ

1903

AVIS

Le mérite des ouvrages de l'**Encyclopédie-Roret** leur a valu les honneurs de la traduction, de l'imitation et de la contrefaçon. Pour distinguer ce volume, il porte la signature de l'Éditeur, qui se réserve le droit de le faire traduire dans toutes les langues, et de poursuivre, en vertu des lois, décrets et traités internationaux, toutes contrefaçons et toutes traductions faites au mépris de ses droits.

PRÉFACE

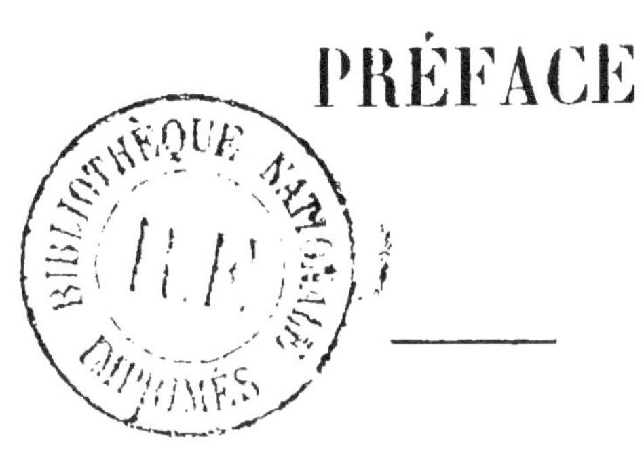

BIBLIOTHÈQUE NATIONALE · IMPRIMÉS

L'auteur de ce Manuel n'est pas un écrivain,
c'est un ouvrier, un artiste si l'on veut, qui a
cherché à décrire le plus clairement qu'il lui a
été possible les choses qu'il a apprises, les obser
vations qu'il a faites lui-même, puis les moyens
de tradition lorsque des raisons préférables ne
les ont pas remplacés. Il ne pense pas avoir besoin de développer ici, comme c'est d'usage, les
raisons et les idées contenues dans ce traité ;
elles s'expliqueront d'elles-mêmes si on le lit
attentivement. Sa pensée s'est arrêtée de préférence sur les difficultés qui arrêtent le plus sou-

vent la marche, sur ces haltes qu'il faut faire pour savoir si l'on ne s'est pas engagé dans une fausse route. Il ne faut pas penser néanmoins qu'armé ainsi d'un livre, on deviendra un ciseleur si on ne travaille pas et même beaucoup. La ciselure est un art plus complexe qu'on ne le pense généralement, et l'exercice de la main, sans la science des formes, et réciproquement, ne peuvent produire que des choses incomplètes. Acquérez donc l'un et l'autre, cher lecteur; heureux si ce livre qu'on vous propose comme un guide, ou si vous voulez comme un cours permanent, peut y contribuer en quelque chose.

Cette nouvelle Édition est revue avec le plus grand soin; augmentée des procédés nouveaux, de divers modèles de l'art moderne style, elle offre un intérêt véritable aux praticiens et aux amateurs.

NOUVEAU MANUEL COMPLET

DU

CISELEUR

CHAPITRE PREMIER

Aperçus sur la ciselure antique au Moyen âge, la Renaissance, Louis XIV, Louis XV, Louis XVI, l'Empire, et ses caractères à ces époques.

ANTIQUITÉ

Sans vouloir faire ici l'histoire de la ciselure dans l'antiquité, ce qui exigerait un travail fort long, très difficile et peu instructif au point de vue pratique, il est aisé de comprendre que l'or, l'argent, le fer, le cuivre, étant les métaux de prédilection de cet art, bien peu de ses produits sont parvenus jusqu'à nous : relativement aux deux premiers métaux, le temps, la cupidité, l'ignorance, les révolutions, les guerres, les rançons, pour soustraire au vainqueur ou pour lui payer ses tributs, ont détruit quantité de choses que nous n'admirerions sans doute pas moins que les chefs-d'œuvre de marbre et les pierres gravées que l'antiquité nous a transmis.

Certainement, les artistes qui ont gravé ce grand nombre de pierres précieuses, ces camées d'un travail si fin, si savant, devaient être les contemporains de ciseleurs éminents, leurs émules, peut-être bien leurs maîtres, car, en logique d'art, le travail des métaux a dû précéder celui des pierres dures.

Lorsqu'on lit la description du bouclier d'Achille par Homère, on comprend qu'il devait être dans les usages de ce temps de posséder de ces belles pièces et de s'en faire gloire, car Homère ni le fabuleux Vulcain ne les ont certainement pas inventées.

Tous ces chefs-d'œuvre de fer, d'airain, la rouille et le temps les ont à peu près entièrement détruits, et le peu qu'il nous en reste et qui n'ont pas été dévorés, ont été tellement attaqués et détériorés, qu'ils ne nous offrent plus que des débris souvent informes ou à peu près.

Les fragments d'or retrouvés dans les sarcophages de la vieille Egypte et le Chapitre XXV de l'exode de Moïse dans la Bible, prouvent que la ciselure était connue de toute antiquité ; et, pour me servir d'une définition toute faite, plus prompte, « que « son origine se perd dans la nuit des temps ».

MOYEN AGE

Franchissons une longue suite de siècles, arrivons en France et disons que jusqu'aux XIe et XIIe siècles, dans notre pays, tout porte à croire que la ciselure a été peu pratiquée. Les châsses grossières, bon nombre d'autres pièces, l'épée de Charlemagne, le fauteuil de Dagobert, attribué à saint Eloi, sont comme spécimen, avec ce que nous avons vu du même temps, des œuvres, si j'osais, je dirais de forgerons.

La ciselure prend son origine chez nous, vers le temps des Croisades. C'est de ce grand mélange des nations de la chrétienté réunies, du contact de leurs noblesses, de l'orgueil de leurs blasons, de l'éclat de leurs armures, de la vue des richesses orientales, qu'est né le mouvement. En marchant à ces conquêtes et en déployant tant de bravoure, on faisait aussi assaut de vanité et étalage d'un luxe imposant.

De l'esprit religieux surgit tout à coup le grand style ogival. Cette révolution de l'art byzantin se métamorphosant en une nouvelle architecture, fit naître en foule quantité de choses nouvelles : verrières admirables, émaux, orfèvrerie, ciselure, travaux de forges, miniatures, illustrations de missels, de livres saints, étoffes d'or et d'argent, etc., etc. En un mot, les arts du dessin apparaissent avec un éclat inconnu jusque-là, sous toutes les formes et sur toutes les matières. Ainsi que toujours, la ciselure et l'orfèvrerie s'unirent étroitement, et elles eurent pour lot les croix, châsses, crosses, calices, ciboires, moustrances, reliquaires, couronnes, anneaux, etc., le tout enrichi d'incrustations, d'émaux, de pierreries, de nielles, de filigranes, d'ivoireries, de sculptures, de vierges, de saints, d'anges, de démons, etc., etc., en or, en argent, en repoussés, et fondus, ciselés, quelquefois assez grossièrement, mais toujours avec une certaine harmonie, et surtout avec l'empreinte d'un sentiment religieux qui n'est plus de notre temps, et d'une foi qui leur guidait la main.

RENAISSANCE

Je ne parle pas ici des armes et des armures, je m'en occuperai en son lieu ; esquissons à grands traits, afin d'arriver à François Iᵉʳ.

La Réforme discute les articles de la foi, et le luxe des rois et des particuliers se substitue à celui de l'église.

Le grand mouvement de la Renaissance agite tout, crée la presse, renouvelle beaucoup de choses, architecture, peinture, sculpture, musique, littérature, etc., car on peut dire que les arts sont comme les oiseaux voyageurs, qu'il vont en troupe ; mais, quoi qu'il en soit, c'est une belle époque pour la ciselure, qui fut très honorée et très appréciée dans la personne de Benvenuto Cellini.

La foi s'était refroidie et le zèle religieux était devenu moins ardent ; c'est alors que la Mythologie devint à la mode et qu'on ne jura plus que par Hercule. On se décora au baptême du nom de Diane et autres divinités de l'Olympe ; la benoîte Sainte-Vierge fut remplacée par Vénus, et tout fut soumis à cette bizarre révolution.

L'orfèvrerie changeant de thème, dut naturellement changer aussi ses allures, et les dieux païens furent remis en honneur avec tout leur cortège de satyres, de faunes, de bacchantes, de naïades, de tritons, de chimères, de têtes de mascarons, etc.

L'introduction de l'école italienne transplantée à Fontainebleau fit subir de profondes modifications à l'orfèvrerie. La ciselure fut chargée d'enrichir de son travail des vases, des montures de cristaux gravés, des coupes d'agate, de jaspe, de lapis, des montures de camées, des agrafes, des bracelets, des colliers, des drageoirs, etc. Elle eut aussi à décorer les armes, les éperons, les casques, les cuirasses, les boucliers de la chevalerie qui jetait son dernier éclat devant la brutale manifestation de la poudre à canon.

Sous Henri III, la cour affichait un amour profond de la religion ; mais en réalité, ce n'était qu'un masque qui servait à recouvrir un amour effréné du plaisir. On fit alors beaucoup d'orfèvrerie, de bijouterie. Les luttes de la Ligue firent disparaître en grande partie les chefs-d'œuvre du Moyen âge, et pour les convertir en monnaie, on prétexta leur mauvais goût. Le style Renaissance continuait cependant à être à la mode. A dater d'Henri IV et sous Louis XIII, on commença à s'en lasser.

STYLES LOUIS XIV, LOUIS XV, LOUIS XVI

Depuis longtemps déjà, l'art ne savait plus où il allait, lorsque apparurent les premiers dessins de ce style d'ornement qui devait se substituer à la Renaissance, et prendre dans l'histoire de l'art le nom de style Louis XIV. Ce fut une fureur ; le roi qui aimait le faste fit faire beaucoup d'orfèvrerie, de joaillerie ; mais plus tard, en 1688, il fut obligé, pour soutenir les nécessités politiques, de faire jeter dans le creuset cet énorme quantité d'orfèvrerie qui avait coûté plus de dix millions, et parmi laquelle se trouvait la plupart des chefs-d'œuvre de Claude Ballin, le premier orfèvre-ciseleur de ce long règne.

Sous Louis XV, le genre *rocaille* à son tour s'empara du goût public, et l'orfèvrerie d'église suivit la mode. Le thème de la ciselure avait changé : elle fit de ravissantes petites choses repoussées sur des fonds de montres, des tabatières, des boîtes à portraits, des bonbonnières, des cassolettes, des branches d'éventails, etc., etc., sur métal unique et sur *des ors de couleurs*. J'ai eu en main de charmants petits bas-reliefs repoussés par Thomas Germain, ciselés avec une grande délicatesse, et un savoir coquet qu'on ne rencontre à aucune époque.

Ce genre d'ornement, malgré certains côtés gracieux qui le soutiennent encore de nos jours, fut alors appliqué sans discernement à tout, à l'architecture, à la sculpture, au dessin, à l'orfèvrerie, etc.; tout fut traité sur le même ton, portes cochères, tabernacles d'églises, chandeliers, pendules, bassins, vases, meubles, fontaines, bijoux, ostensoirs, canapés et baldaquins, tout présenta le même caractère, sans tenir aucun compte des différentes destinations des objets. C'est cependant de ce règne que date véritablement la fabrication du bronze en France, par la quantité d'ornements en cuivre doré qui furent ciselés pour meubles, pendules, montures de porcelaines, etc.

Le Louis XVI fut un petit style de transition, qui cherchait à se produire, lorsque la révolution de 1789 éclata.

PREMIÈRE RÉPUBLIQUE ET EMPIRE

On fit bien peu de ciselure sous la première République. Les femmes, comme les Spartiates d'autrefois, apportèrent leurs bijoux sur l'autel de la patrie. Le luxe n'était pas à l'ordre du jour. L'or, l'argent étaient si rares, qu'il fallut les remplacer par du papier et qu'on fut obligé de fondre les cloches des églises pour faire des sous. La ciselure n'ayant plus ni matière, ni clients, se vit contrainte de faire des poignées de sabres et de graver sur les lames les légendes révolutionnaires. Peu à peu les enrôlements volontaires, la conscription, entraînèrent, sur les champs de bataille, la plus grande partie des orfèvres et des ciseleurs, et l'Empire, avec ses levées extraordinaires, acheva de réduire le nombre des jeunes élèves qui cultivaient encore cet art. C'est à cette cause, et surtout au mauvais goût emprunté alors des anciens Romains, qu'est due la faiblesse générale des produits de ciselures sous le premier Empire.

CHAPITRE II

Des effets naturels et de l'influence de l'école littéraire, dite romantique, sur la ciselure.

Si l'on veut bien consulter les ciselures anciennes, on conviendra aisément que les effets naturels dans le bronze, l'argent et les autres métaux, sont un des caractères de l'école moderne et datent de 1830, de la révolution littéraire, dite romantique, qui a eu lieu à cette époque, et sont dus à son influence. J'ai étudié avec beaucoup d'attention tout ce que nous possédons de l'art égyptien, de l'art grec et même de l'art florentin, et de son invasion en France au siècle de François Ier; j'ai examiné avec attention ces produits du siècle de Louis XIV, tout ce que j'ai pu voir de l'époque Louis XV, et j'ai même été placé un instant dans une situation propre à bien voir et observer, puisque le patron chez lequel je travaillais était le successeur de l'orfèvre de Louis XV; modèles, dessins, tout était là. Puis les choses faites sous l'Empire en style romain, et le *rococo* des objets produits sous Louis XVIII et Charles X, ont fait apprécier davantage la transition brusque qui a séparé l'ancienne de la nouvelle école (Voyez les lions de Barye aux Tuileries).

C'est ainsi que de larges effets naturels ont été substitués aux systèmes de sculptures posant et n'agissant pas, et qu'on s'est proposé pour but la vie remplaçant les expressions de convention, et enfin la science arrivant avec le sentiment plus vrai de la nature. Ce but a même été poussé si loin dans la ciselure des métaux, que certains accessoires des coquilles, des crabes, des écrevisses, des poissons, des lézards, etc., ont été moulés en plâtre ou directement sur la nature même par les fondeurs, et que certains mats traditionnels à faire les cheveux, que les outils à frapper les yeux, les ongles, etc., ont été réformés comme étant frappés de *rococo*. L'orfèvrerie a suivi le bronze dans la voie nouvelle qu'il s'est ouverte, sauf les orfèvres églisiers qui ont persévéré encore longtemps à suivre les vieux sentiers battus. La révolution de l'orfèvrerie d'église est enfin arrivée aussi, mais en suivant une autre voie, c'est-à-dire en revenant aux belles traditions des xiie et xiiie siècles. Ce fut M. Léon Cahier, mon patron, qui la commença, qui fit les premières pièces émaillées et filigranées ; un des beaux morceaux qui soient sortis de chez lui, et qui aient été exécutés sous sa direction, a été la châsse de la sainte Tunique qui est à Argenteuil, près Paris.

Une fois la voie ouverte, l'émulation s'empara des esprits, la lutte s'ouvrit aussitôt entre les deux écoles, et de même qu'en littérature il y eut bien des résistances. Mais le public, par son accueil aux nouveaux produits, fit bientôt capituler les récalcitrants ; dans le commerce, il est d'usage de ne pas mettre son opinion dans un autre camp que sa bourse.

La France est le pays où les artistes ont le plus de hardiesse et où règne au suprême degré la passion des nouveautés ; on y pousse quelquefois les choses jusqu'à l'exagération ; cependant dans cette circonstance on a su se maintenir. Quand les siècles auront passé sur nos bronzes modernes, on les recherchera avec empressement. Que de magnifiques choses il est sorti des ateliers de Soyer, des maisons Vitoz, Debraux-Quenels, Denière, etc. : l'élite des sculpteurs contemporains, et même des artistes obscurs et à peine connus de nom, ont, pour les maisons ci-dessus, rivalisé d'habileté et de génie, mais souvent sans profit pour leur gloire. Malgré l'entraînement qu'imprimait la littérature, tous les sculpteurs ne suivaient certainement pas la même voie, mais le but était le même : l'énergie et la vie !

Les uns avaient la force en partage, et les autres la grâce : Pradier, Feuchères, étaient de ces derniers. David (d'Angers) était grec, mais protestait par l'énergie de son modelé et de ses lignes contre les écoles froides, *académiques*. Il avait des qualités de fond en accord avec le mouvement littéraire (voyez le Philopemen dans le jardin des Tuileries), et faisait de la chair vivante.

De même que les orateurs, les poètes et les écrivains, les artistes de cette époque avaient aussi leur style individuel, leur originalité, et il n'en pouvait être autrement; la sculpture n'eut pas de chef, à proprement parler, parce qu'il y avait trop de maîtres.

J'aurais bien voulu faire ici un résumé de la ciselure universelle aux grandes expositions de Londres, de Paris; ce serait un travail très instructif, mais trop long pour le cadre de ce manuel; de plus, je serais obligé de citer quelques noms et d'en omettre un plus grand nombre, en un mot, de provoquer des jalousies et des rancunes.

Je dirai seulement que la ciselure française exposée n'a pas eu d'autre rivale que la ciselure française elle-même. Grand nombre de pièces étrangères ciselées, l'avaient été par l'élite des ciseleurs de Paris; de ce nombre, il faut citer le bouclier et les vases de Vecthe, ciselés par lui, par son gendre et surtout par Mulleret, l'un des premiers ciseleurs de Paris. La maison Elkinton, de Birmingham, avait aussi réuni une pépinière de ciseleurs français d'élite, et malgré cela, la France a encore conquis la grande palme. Je ne parlerai pas du bronze d'art, quoiqu'il y eût tant de belles choses, tant de noms, que la description n'entrerait pas dans ce volume; mais je m'arrêterai seulement un instant devant la vitrine de Froment Meurice, qui écrasa à lui seul toutes les orfèvreries, bijouteries universelles exposées : on y voyait de tout ce que notre art peut produire, et à côté du luxe le plus grandiose, le goût le plus délicat, le travail le plus exquis, le sentiment le plus savant et le plus fin ; tout enfin était là. Et à cette occasion, je demanderai la permission de faire une petite rectification historique à l'endroit de la ciselure parisienne, à propos de Froment Meurice. Il n'est personne qui n'ait vanté son immense talent comme ciseleur ; c'était, disait-on : « Le Benvenuto Cellini moderne ». Eh bien! il serait impossible de rien montrer qui ait été ciselé par lui. A Dieu ne plaise que je vienne chercher à dénigrer un mort, car s'il vivait, j'en dirais davantage. Froment Meurice a rendu de grands services à l'orfèvrerie française moderne, en contribuant pour sa part à la lancer dans la voie du bon goût et à l'arracher au genre sans nom dans lequel elle était tombée, surtout sous Louis XVIII et Charles X. Il avait quelque prétention à l'originalité; mais son goût s'était développé au contact de l'élite des artistes éminents qu'il occupait et des amateurs distingués qui formaient sa clientèle. Je lui dois cette justice de dire que ce n'est pas lui qui cachait le nom des artistes de talent qui ont travaillé pour lui; seulement les faiseurs de réclame l'ont fait endosser les produits de tous. Il n'aurait pas voulu, il n'aurait pas pu se substituer à Pradier, à Feuchères, à Barye, à Simart et tant d'autres artistes éminents connus de tout le monde. Dans les œuvres capitales sorties de chez lui, il a eu sa part, il a su faire concourir des talents de natures diverses à l'harmonie des choses qu'il voulait faire. Il a eu le talent de connaître son monde, et c'est quelque chose; il savait distribuer le travail, il savait que tel faisait bien l'ornement de telle époque, celui-ci la figure, celui-là les animaux, d'autres les fleurs, les enfants, les draperies, le gothique, *le petit*, la gravure, l'émail, etc., etc. Dans sa maison il ressemblait à un directeur d'opéra; il ne composa pas les pièces, il ne les exécuta pas non plus, mais il sut avec intelligence les faire exécuter par les spécialités; de là est venue l'opinion qu'il possédait tous les genres et qu'il était le ciseleur le plus complet de son époque. Il a eu certainement le savoir-faire que je viens de dire, mais ciseleur, il ne l'était pas. La ciselure sortie de sa maison a été faite par l'élite des ciseleurs de Paris, Vechte, Mulleret, les frères Fannière, Dorberg, Pouxe, etc., et pour les petites choses, par Fauque, Honoré; il en est sorti aussi beaucoup de l'atelier de Dalberg, qui, sans ciseler lui-même, occupait *les premières mains* de Paris.

La ciselure française, aux expositions universelles de Londres et de Paris, a été surtout remar-
quable en ce qu'elle sut s'abstenir complètement
d'une certaine sauvagerie de coups durs et de
l'abus du traçoir surtout, que l'on rencontra chez
la plupart des nations exposantes. Chez ces dernières, le plus souvent il y a une naïveté primitive et
une disposition à prendre le vétilleux pour de la
finesse. Chez nous, l'élégance et la finesse d'exécution sont réelles et véritables, et qu'on ne croie pas
que je veuille faire pencher, par esprit national ou
par aveuglement, la balance en notre faveur, car
l'énorme quantité relative de médailles obtenues
par la France à Londres, prouve que le jury, formé
de toutes les nationalités exposantes, a formulé ses
jugements dans le même esprit que celui que je
viens de porter sur les artistes ciseleurs contemporains.

CHAPITRE III

Des effets du modelé en ciselure d'art

Toute modelure a son effet qui lui est propre. La
sculpture des monuments doit, en première ligne,
s'attacher à obtenir un effet large et se voyant bien
à distance. Mais, dans la petite sculpture, c'est une
grande difficulté que celle d'un modèle qui puisse
se soutenir sous toutes les oppositions de lumière :
le modelé n'est pas seulement vaillant par lui-
même, il l'est aussi par le degré de lumière qui
l'éclaire et le reproduit. La sculpture des monuments, des grandes figures exposées librement à
l'air, reste éclairée fixement par le ciel et par sa
lumière naturelle. Le modelé, dans ce cas, doit
être combiné sur cette raison à peu près invariable,
et le sculpteur s'arranger en conséquence ; mais
dans la petite sculpture, en ciselure surtout, indépendamment d'autres causes qu'on trouvera plus
loin, l'éclat métallique nuit beaucoup au modelé. Il
est presque impossible de prendre un parti bien

déterminé, en raison de la différence, je dirai même des oppositions des lumières, qui sont tantôt celles des bougies, puis les reflets, tantôt ceux des glaces d'appartements, puis les demi-jours produits par les rideaux ; en un mot, toutes les variations possibles entre l'ombre et la lumière ; car, il ne faut pas l'oublier, la ciselure est presque toujours une chose d'intérieur, et le plus souvent exposée dans un rapport de symétrie plus qu'en raison du jour qui lui conviendrait pour avoir sa valeur : témoin la salle d'orfèvrerie Renaissance au musée du Louvre. Quelles règles faut-il suivre pour résoudre un problème posé en termes si contradictoires ? Toutes les écoles croient posséder le secret de résoudre la difficulté ; depuis des siècles elles s'escriment à discuter entre elles, mais elles sont impuissantes à la résoudre d'une manière générale et ne donnent le plus souvent que des solutions problématiques qui peuvent encore être discutées ; je dis plus, qui se discuteront toujours. Interrogez les sectes religieuses, les écoles politiques, etc., sur la vérité, toutes répondront : c'est moi, moi seule qui la possède. Les écoles artistiques font de même pour l'art de distribuer l'ombre et la lumière par le modelé. Une des raisons principales qui contribue beaucoup à se tromper sur l'effet des modelures destinées à être ciselées, en petit surtout, c'est la coloration différente des cires à modeler, comparées à la couleur du métal avec lequel on reproduira la modelure. La couleur des métaux entraîne, ce me semble, à des différences dans le modelé ; c'est du moins mon opinion. On fait aussi, sur un plâtre d'un beau blanc, un effet qui ne se reproduira pas exactement sur un bronze vert, par exemple : on fait des modelures en cire colorée en rouge, quelquefois même en vermillon ; l'argent blanchâtre de ton, l'or jaune, ne peuvent, indépendamment d'un certain éclat métallique, donner aux reflets de la lumière les mêmes valeurs. Que de ravissantes choses j'ai vues en plâtre et en cire, qui ne se reconnaissaient plus en bronze brun, qui alourdissait tout. Pour obvier à ce qui vient d'être dit, je crois qu'on ne ferait pas mal de teinter les cires du ton le plus approchant du métal dans lequel on doit être reproduit, et qu'on éviterait ainsi, je pense, bien des mécomptes d'effets.

La sculpture doit-elle être nature ? oui et non. Singulière réponse, penserez-vous. Dans les interminables discussions élevées à ce sujet, on a trop confondu la cause et l'effet. C'est l'effet qui doit être nature, car la cause n'est pas en tout point à la disposition du sculpteur, je dis aussi du ciseleur : il s'en faut qu'ils disposent de toute la gamme des ressources dont la nature se sert pour produire l'effet ; la sculpture est une imitation *transposée*. Les Grecs, si souvent mis en avant, l'avaient bien compris, car l'invention des surfaces méplates, le bas-relief, prouvent suffisamment qu'ils s'étaient trouvés dans la nécessité de transposer même les épaisseurs du modelé pour arriver à un effet moins lourd.

Je viens de voir un gracieux petit enfant aux cheveux blonds, légers, soyeux, frisés, à jour dans les masses, transparents dans les reflets ; aux yeux bleus, exprimant la douceur, la naïveté, aux longs cils, aux lèvres roses avec de jolies petites perles blanches pour dents et qui semblaient chacune sourire, une carnation où le sang circulait plein de vie ; passez l'ébauchoir ou le ciseau à monsieur, qui prétend que la sculpture peut rendre tout ce que je viens de décrire, et quand il aura fini, mettez son travail et l'enfant dans le demi-jour d'une chambre, et vous verrez que le sculpteur est impuissant à rendre avec son modelé l'effet de la nature avec une matière d'un ton unique, sans transposer.

Il faut transposer pour arriver par des choses d'apparence à l'effet le plus près de la réalité. Qui dit art, dit mensonge, et le problème se résume à faire prendre le plus beau mensonge pour une vérité ; plus il y a illusion, mieux le mensonge est combiné, et plus on admire l'artiste, plus il a de talent.

CHAPITRE IV

Métaux fondus. — Modèles et surmoulés or, argent, aluminium, bronzes, etc. — Modèles pour galvanos.

MODÈLES POUR FONDUS

Pour ceux qui ne savent pas ce qu'en ciselure on nomme *modèle*, je dirai qu'on appelle ainsi la première pièce fondue sur moulage de la sculpture originale, soit du plâtre, soit en cire, etc.

Le modèle doit être bien traité, ordinairement traité à fond, et si l'on adopte un style, il faut bien s'emparer de ce qui le constitue, de ce qu'on nomme *son caractère*. Puis, cette pièce qui, presque toujours, est en bronze et a de la résistance est par le ciseleur perfectionnée dans la forme, l'expression, le modelé, le fini, sert à mouler dessus avec du sable de fondeur, et transmet ainsi la plus grande partie de ses qualités aux épreuves fondues, épreuves qui sont nommées *surmoulés*.

Il y a plusieurs sortes de modèles : les uns sont ronde-bosse comme la statuette ; les autres bas-reliefs, d'autres encore sont rondes-bosses plaqués, c'est-à-dire qu'ils ont le relief d'une ronde-bosse, et le fond d'un bas-relief. Indépendamment de l'ornement et de la figure, il y a le *petit* et le *grand modèle*, puis il y a encore depuis quelques années les modèles pour galvanos, qui peuvent se traiter, sous le rapport de la dépouille, d'une façon toute spéciale, ainsi que je le dirai dans un instant.

Abstraction faite de l'expérience de la main, et de la science qu'il faut pour ciseler le modèle, il y a souvent trois choses difficiles à concilier, c'est-à-dire qu'il faut tenir compte du sentiment, de l'intention du sculpteur, de son plâtre modèle, et du caprice ou des manies de celui pour lequel il est fait : puis ensuite de son sentiment à soi, qui est quelquefois différent de celui du sculpteur, et plus encore en contradiction avec l'idée parfois assez bizarre de celui pour lequel on travaille, qui a, lui, un argument victorieux : « *C'est moi qui paie.* »

Dans le modèle pour objet d'art, lorsque les choses en valent la peine, on ne tient compte de la dépouille que jusqu'à un certain point : le fondeur bat des pièces et s'arrange des difficultés ; c'est son affaire, il est payé en conséquence.

Les surmoulés étant des choses plus ou moins *courantes*, livrées au commerce pour un prix plus ou moins élevé, la fabrication est obligée de compter davantage avec le prix de revient. Les modèles se font donc aussi en conséquence du prix des surmoulés. Il est bon de dire que modèles et surmoulés se traitent souvent aussi en raison du *genre* de fabrication et de la spécialité de la maison qui l'édite.

A peu de choses près, tous les métaux fondus se cisèlent de la même manière, la différence du travail est le plus souvent une question de prix. Je parlerai en son temps de la différence relative des métaux comparés entre eux.

Le point culminant de la ciselure doit consister surtout dans l'expression et la forme, que ce soit sur pièce unique, modèle, ou surmoulé, rien ne saurait les remplacer.

La ronde-bosse se cisèle presque toujours à l'étau, l'exception est pour les petites pièces, on les colle sur un boulet.

On doit, pour commencer les modèles, enlever les jets de fonte et les coutures, avant de rien faire autre chose ; puis, bien comparer la pièce avec le plâtre que l'on a presque toujours sous les yeux ou que l'on doit autant que possible tâcher d'avoir, afin de se rendre bien compte des intentions du modelé, puis aussi, pour mettre ou faire mettre des pièces ou rivets où la matière manquerait comparativement. N'ayant pas à construire, il y a peu de raisons de commencer plutôt par un endroit que par un autre : on doit cependant ébaucher d'ensemble une fois que les coutures et les jets ont été enlevés. On ébauche d'abord à l'outil coupant les endroits qui en ont besoin, ensuite on ravive, on modèle avec les ciselets, puis le rifloir sert à dresser, à affermir et aussi à modeler. On tient ordinairement un peu plus sec le travail des modèles, pour ceux destinés à être reproduits en or, qui devient très flou en refroidissant ; un peu moins pour l'argent, qui a moins de retrait que l'or, et peu sec pour le bronze, qui a moins de retrait que l'argent.

Certains bas-reliefs *appliques* se font de toute dépouille et doivent sortir du sable comme un estampé d'une matrice ; on doit donc, en conséquence, surveiller les *épaisseurs* et les tenir riflées un peu douces ; ainsi adoucies, elles accrochent moins en sortant du moule.

MODÈLES POUR GUTTA-PERCHA

Les modèles pour galvanos étant presque tous moulés avec une matière élastique (la gutta-percha), ne sont pas aussi sujets à la dépouille que les modèles pour fondus ; on doit néanmoins éviter de laisser, sur les épaisseurs, des arêtes vives pouvant couper le moule lorsqu'on l'enlève. On doit surtout éviter, dans les *noirs*, qu'ils soient plus larges dans les fonds qu'à la surface, parce que la gutta allant chercher l'empreinte, il se trouve qu'elle y arrive, en refroidissant, à l'état de queue d'aronde et casse en laissant le morceau dedans plutôt que de sortir avec le reste du moule.

Pour les modèles de galvanos, il est inutile de faire plus sec ou plus gras ; les qualités et les défauts, si vous en laissez, viendront identiques à l'épreuve. La gutta rend exactement le modèle, surtout les détails, bien entendu quand l'opération est bien menée (Voyez *de la ciselure des galvanos*).

Les surmoulés fondus d'ornement découpés à jour *s'ébarbent* (faire tomber les surplus) avec de bonnes petites limes bâtardes demi-rondes, puis, suivant l'importance, on passe le rifloir sur les épaisseurs.

Ne soyez pas paresseux pour tailler des rifloirs quand vous en avez besoin et que vous en sentez la nécessité ; on rattrape toujours largement au travail le temps qu'on a passé à les faire. Il est de rigueur que les outils coupants soient tenus bien affûtés.

CHAPITRE V

Du petit.— Ciselure de bagues, broches, etc. Figurines d'or pour l'émail

—

Pour bien faire le petit, il faut avoir une bonne vue, du goût, du sentiment et la main légère. Le petit est une spécialité dans la ciselure, et encore cette spécialité est-elle dédoublée le plus souvent en figuristes et en ornemanistes.

Dans l'une et l'autre de ces spécialités, il ne faut pas abuser des outils à *réveiller*, on devient clinquant. On ne peut guère travailler sous un verre puissant, une loupe ; le graveur le peut bien, mais le marteau s'y oppose dans l'art du ciseleur. Pour le très petit, on peut, on doit même avoir une loupe avec laquelle on vérifie lorsqu'on en a besoin. Sur les chairs, mais plus encore en ornements, si adroit que vous soyez, n'abusez pas du même outil, la conséquence en est la monotonie. Ayez de bons petits rifloirs, et un petit grattoir sur un acier de trois ou quatre millimètres rend aussi de bons services.

Que vos outils coupants soient bien affûtés, *friands*, comme on dit. Que vos ciseaux soient minces du bout pour qu'ils engagent moins ; que les quatre angles de l'acier du côté du coupant soient abattus, fortement même, cela y contribuera beaucoup.

Lorsque vous ébauchez de petites choses fondues, il est souvent important de ne pas faire tomber de suite certains jets de fonte qui soutiennent soit une main ou un accessoire quelconque, qui, dégagé immédiatement, deviendrait bien plus difficile à ciseler, en raison de son isolement et de sa faiblesse. Il arrive bien souvent que, pour avoir, avant ciselure, sorti les soutiens aux endroits délicats, le morceau isolé a cassé, et alors il faut avoir recours à la soudure, aux ragréures et à toutes les conséquences du feu. Je n'abats ces sortes de jets dont je parle, que lorsqu'ils ne peuvent plus m'être utiles ou qu'ils me gênent, ou, à défaut, il y a un moyen qui consiste à soutenir l'isolement avec de petits morceaux de ciment dur.

En ciselure, la force est dans les expressions ; la forme, dans leur vérité, dans la science qu'il faut pour les bien rendre. C'est là surtout que réside le génie du ciseleur. On ne dessine pas assez, on voudrait être fort, mais ne rien faire de ce qu'il faut pour le devenir. Dans la puissante expression d'un Christ mourant, c'est la pensée qu'il faut chercher, et la chercher à travers une agonie de souffrances atroces ; c'est là qu'est la force.

Quantité de ciseleurs croient avoir tout fait, quand ils ont bien poli, adouci, caliné, *fignolé* un morceau ; et le beau chairé donc ! je l'oubliais.

Tous les *fignolages* possibles ne sont qu'un vernis qu'on doit ajouter sur la forme et l'expression, mais qui ne saurait les remplacer ; je le répéte donc, la forme, la forme, et je devrais le répéter à chaque page.

On doit s'emparer des expressions d'abord : si vous avez une figure qui rit, emparez-vous avant tout de ce qui fait rire, les coins de la bouche, le dessous des yeux ; de même pour une figure qui pleure et pour toute autre expression, cherchez ce qui la constitue. En ciselure, on fait trop passer en première ligne *le fini, le léché*. L'expression des masques, des mains, des nus, des draperies, doit passer avant tout, parce que, en fait d'art, il faut plaire à l'œil, sans doute ; mais le but est de s'emparer de l'âme : selon le sujet, faire penser, rire, rêver, etc.

Evitez les sécheresses ; ne faites pas trop *gras* non plus, car alors on devient lourd. Riflez le moins possible en long, on *détruit* la forme, mais riflez en travers. Que vos fonds ne soient pas secs et aient toujours la même valeur. Les dessus ne doivent pas non plus être à angles vifs ; regardez la nature, il y a toujours variante quand il y a répétition, que ce soit forme ou que ce soit couleur. C'est une erreur de croire que la multitude de petits noirs donne de la vie, ils coupent l'unité d'un sujet en autant de petites parties. C'est une erreur aussi que les modelures qui n'ont pas de noirs, car si elles n'ont pas d'ombres, elles n'ont pas de ressort.

La modelure doit être en rapport avec le sujet; la disposition, c'est le style en littérature, et style aussi en sculpture; là est l'harmonie du sujet, avec le style qui lui convient : il ne saurait être le même pour tout, prenez cela où vous voudrez. Que penserait-on si l'on entendait chanter quelques morceaux sublimes de nos opéras ou nos chants patriotiques sur les airs les plus vulgaires et pleins de trivialité? Pourquoi fait-on si souvent en ciselure ce qu'on n'oserait pas faire dans aucun art? Que de suaves petits sujets sont exécutés quand même, dans un genre grossier et vulgaire.

Les cheveux doivent présenter une apparence souple et il ne faut pas les assommer de coups de traçoirs; aidez plutôt à la souplesse de leurs masses au lieu de les aplatir. Ne vous servez pas d'un outil trop large, on ne le mène pas où l'on veut : que l'outil ne soit pas plat, mais un peu bateau de forme. Ne faites pas toujours le même coup à côté du même coup, rien n'est plus monotone; ne vous imaginez pas qu'il faut beaucoup d'outils pour faire des cheveux : trois ou quatre sont suffisants; étudiez-vous à faire des différences avec le même.

Avez-vous vu et entendu ce qu'une main habile produit sur un violon avec *un* archet; n'objectez pas que l'instrument a quatre cordes, la ciselure en a davantage, je vous l'assure; ne le niez pas et cherchez-les. « La science se manifeste à qui la cherche », a dit Bernard Palissy.

L'outil n'est pas une manivelle d'orgue; la ciselure d'art est une improvisation. Autant que possible, n'ébauchez pas en ciment; si votre pièce est ronde-bosse, elle se trouve toujours mal d'être enterrée de moitié, et il est difficile de juger du rapport des formes entre elles, puisqu'on ne voit pas son ensemble. Que l'amour des détails (la passion malheureuse des ciseleurs) ne vous fasse jamais oublier que l'ensemble doit tout dominer : on doit, autant que possible, mener son travail tout à la fois, c'est dire qu'il ne faut pas faire un œil, puis l'autre, puis le nez, puis la bouche; une pareille méthode (si c'en est une) donne toujours des résultats bien pauvrets.

L'ébauche doit, pour les hommes, être un peu plus énergique que ce que l'on se propose, parce que ce petit surplus d'énergie redescend toujours en finissant.

Les hommes doivent être musculeux si le sujet l'exige, c'est-à-dire s'il y a force, action, mais n'abusez pas; il ne faut pas s'imaginer que l'anatomie se compose de trous et encore de trous, sans préjudice de la charpente osseuse. L'anatomie

dans les arts, est la science de la forme des muscles dans leur *activité* et dans leur *repos* ; il doit y
avoir harmonie avec le mouvement. Dans le petit,
peut-être plus encore que dans le grand, les femmes doivent être élégantes, gracieuses, dans l'ensemble et dans les détails. Pas d'anatomie outrée,
à moins d'action violente, ce qui est rare. La forme
doit certainement avoir des dessous à leur place,
mais sans effort quand il n'y en a pas. Aussitôt
qu'on devient anatomique, adieu la gracieuse co-
quetterie qui fait le charme de la femme.

On fait des blondes et des brunes, et le rendu
s'obtient par la façon de traiter les chairs, la forme,
les traits, qui sont ordinairement plus délicats
chez les blondes que chez les brunes.

Les enfants doivent être gracieux, potelés, charmants, agréables à voir ; ne les faites pas lourds,
mais plutôt mutins, si le sujet le permet. Puis il y
a les styles qu'il faut considérer si les enfants doivent accompagner.

FIGURINES D'OR POUR L'ÉMAIL

Lorsque l'on fait des petites figures d'or qui doivent être émaillées, il est bon de s'entendre avec
l'émailleur si on le peut ; le travail de ciselure devant être recouvert en tout ou en partie, a besoin
d'être plus vigoureux, tâchez donc de savoir de lui

de quelle épaisseur seront les couleurs qu'il se propose d'appliquer, pour que votre modelé de ciselure ne se trouve pas trop amolli par la couche d'émail.

Sur le petit, les mats vifs sont ce qu'on désigne vulgairement par le mot *camelote*, ce qui veut dire travail commun. Il y a quantité de choses de mauvais goût, qui ne sont dues qu'à la niaise influence exercée par la *commande*, et aux prix souvent très bas qui ne permettent pas de faire mieux.

À ceux qui font le petit et habitent Paris, je conseille de fréquentes visites à la riche collection des camées à la Bibliothèque de la rue Richelieu. Il faut voir beaucoup. « Voir, comprendre, se souvenir, c'est savoir », a dit Rubens.

Comme conclusion, en ce qui concerne le petit, je dirai : soyez élégant, fin, délicat sans lourdeur, ni sécheresse, c'est le cachet des bonnes choses.

CHAPITRE VI

Réparure du bronze monumental.
Statues équestres, etc., etc. — De la molette

—

Le gros bronze doit être réparé largement, hardiment, en tenant compte surtout de l'effet d'ensemble et de celui des détails donnés au modèle par le sculpteur, et tâcher *de les conserver*.

Les outils doivent être larges, en rapport avec l'objet, et la nature de la sculpture détermine celle de la réparure : si la sculpture est à effet doux, à nuances passées les unes dans les autres, il faut agir de même, à moins de modifications demandées ou consenties. Si la sculpture est énergique, puissante, faite de verve, à effet heurté, n'allez pas par un *léché* mal entendu, en changer l'effet en l'amoindrissant; donnez au contraire à votre réparure quelque chose de hardi, de brutal même. Le bronze monumental n'est pas une chose à flairer, il se voit à distance, c'est de l'ampleur qu'il faut, ne l'oubliez pas.

Les endroits à réparer doivent être ébauchés largement, on doit commencer par enlever les jets de fonte, les coutures (on nomme coutures, les traces saillantes laissées à la fonte, par la jonction plus ou moins complète des pièces composant le moule du fondeur). On se sert, pour enlever ces jets et les coutures, d'outils coupants, du ciseau surtout, de burins, de gouges, etc., et l'on s'aide beaucoup aussi d'une bonne lime demi-ronde bâtarde (*bâtarde* entre gros et fin de taille). On doit bien dessabler tous les fonds, et il n'est même pas mauvais, au préalable, de commencer par là.

Les rivets et pièces rapportées doivent absolument être du même cuivre; quand le cuivre des pièces est de nature ou qualité différentes, la différence des teintes dans les oxydations, en mettant au vert, puis le temps, montreraient ce qui ne doit pas se voir, c'est-à-dire l'endroit où sont vos pièces et rivets.

Que vos outils à planer ne soient pas de ces mats réguliers, la juste réprobation des sculpteurs. Ayez des outils de *chic*, appropriés au travail de sculpture. Il est même bon, lorsque plusieurs artistes travaillent un grand morceau, de s'entendre pour certains outils, afin de se servir des mêmes, pour qu'aucun endroit ne trahisse des différences dans le *rendu*. En toute occasion il faut de l'unité dans le travail, je veux dire dans la manière, si vous êtes plusieurs à travailler un même sujet.

Il est toujours nécessaire de prendre à l'avance un parti sur la manière qu'on devra suivre ; le plus ordinairement on prend (dans le gros bronze) celui d'imiter la fonte à ce point que le morceau ait l'air d'être venu d'un seul jet, sans retouche ; on doit pour cela éviter que le travail de ciselure soit apparent. On procède alors avec des outils à planer ayant quelques coups de bouterolle sur le bout, auxquels on joint un léger sauté à la pointe fine ; ou bien encore on modèle son outil en frappant dessus avec une lime pas trop grosse de taille, qui finit par donner à l'outil une certaine vigueur *sablée* qu'on modifie, si elle est trop forte, en tapotant l'outil au marteau sur un morceau de grès, *du pavé* (pas de la poterie), mais mieux encore en frappant à la main le grès sur l'outil.

On fait, suivant la nature du travail, une quantité d'outils que la circonstance exige, car on ne doit pas traiter de la même manière des chairs, la crinière d'un cheval, la broderie ou une épaulette.

Lorsque les coutures sont enlevées et bien appareillées, on doit viser à ce que le travail soit bien passé l'un dans l'autre, sans interruption ; cela s'obtient par l'outil, le rifloir, du gros papier émeri et par la façon de traiter, quelquefois d'une façon spéciale, l'endroit que l'on a attaqué, et aussi selon la nature de l'endroit, au moyen d'un outil qui rend quelquefois de grands services, dont je n'ai pas encore parlé, et qu'on nomme une molette.

Elle doit être emmanchée solidement et en s'en servant, il y a des endroits où il faut appuyer, d'autres où l'on ne doit que *caresser*. La molette doit tourner librement sans être trop ou trop peu serrée. Puis, après la molette passée, on donne sur le travail qu'elle a fait quelques coups croisés de rifloir que l'on déguise encore en broyant (frotter en tournant) un morceau de papier émeri sur le tout pour achever de mêler.

Les gros bronzes étant presque toujours des pièces uniques, doivent être traités comme surmoulés, c'est-à-dire sans égard aucun pour les dépouilles.

Pour les ragréures des membres, etc., montés à froid, voyez *ragréures*.

DE LA MOLETTE POUR CISELEURS

La molette pour ciseleurs est composée de deux pièces : 1° la tête ou molette proprement dite; 2° la tige.

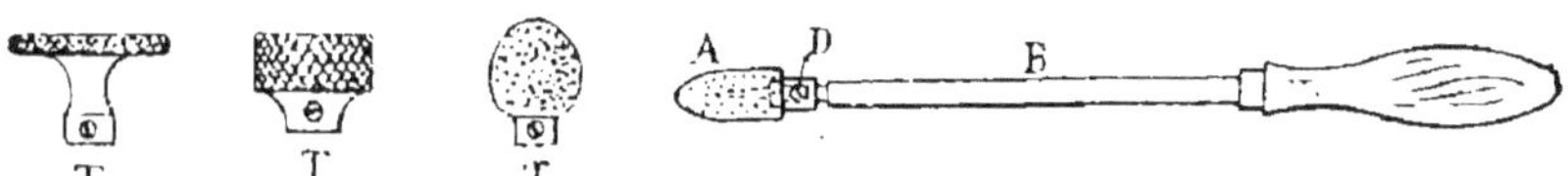

Fig. 1.　Molette pour ciseleurs.

A molette.
D vis pour maintien de molette après la tige.
B tige de molette.
T différentes formes de molettes.

La tête est évidée pour laisser passage à la tige. Dans la partie de la tige rentrant dans la molette, existe un creux servant de passage à la vis D existant à l'extrémité de la tête. Cette vis sert à maintenir la molette après la tige, tout en lui laissant son moyen de rotation (fig. 1).

Ces molettes existent en différentes formes.

DE LA MOLETTE DES TOURNEURS

Quant à la molette des tourneurs en cuivre ou en argent, elle est montée de la même façon qu'un éperon de cavalier, sauf que la roulette de la molette a environ 1 centimètre d'épaisseur et de 15 à 20, même 25 millimètres de diamètre. Cet outil sert à imprimer des dessins sur quantité de pièces, les chandeliers par exemple, et principalement l'on s'en sert dans le style Empire (fig. 2).

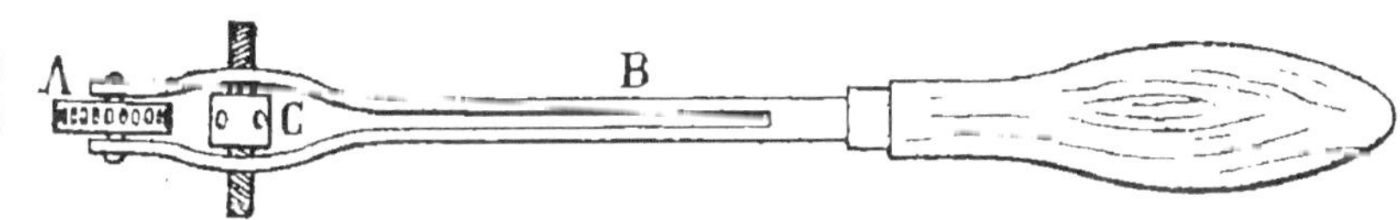

Fig. 2.   Molette pour tourneurs.

A molette.
B porte-molette.
C écrou à pas de vis contrarié pour écarter ou resserrer les bras du porte-molette.

La surface agissante est plate ou légèrement bombée; la molette doit être d'acier et la goupille sur laquelle elle tourne aussi; la roulette seulement se trempe.

CHAPITRE VII

Des soudures. — Des ragréures de montures et pièces à froid. — Des rivets taraudés et non taraudés. — Des rivets à propos du vert antique.

—

DES RAGRÉURES

Tout en tenant grand compte des difficultés de la fonte, on doit, lorsqu'on coupe un plâtre modèle, le couper eu égard à la monture et aussi en prenant en considération la ragréure de cette monture.

On nomme *ragréure*, le travail qui a pour but de faire disparaître à l'œil le joint d'assemblage de deux ou plusieurs morceaux solidement réunis, soit à chaud, soit à froid.

On nomme *montures à chaud*, les montures à la soudure et qui par conséquent sont faites au feu.

On nomme *montures à froid*, les pièces montées le plus souvent par des espèces de tenons et de mortaises comme quelques assemblages de charpente, et qui sont appelées à adhérer fortement au moyen d'une cheville de tirage faisant clef. Une partie des bras (en l'air surtout) et quelquefois des jambes, sont montés ainsi, lorsque la position qu'ils occupent créerait de grandes difficultés soit au fondeur, soit aussi pour ciseler.

Les montures sont le' plus souvent des raisons économiques de fabrication, et la fabrication de Paris excelle dans les montures à froid.

Lorsqu'on prépare un modèle sur lequel on doit faire nombre de surmoulés, on doit ajouter, sur le bord des pièces appelées à être réunies ensemble, une espèce de lèvre de quelques millimètres d'épaisseur, proportionnée à la grosseur des morceaux, et cela pour la raison que je dirai un peu plus loin.

Les bras, les jambes, les morceaux de draperie, les accessoires, des têtes même, des pattes d'animaux, les cornes des cerfs, des becs supérieurs ou inférieurs d'oiseaux qui crient, etc., etc., doivent être coupés au modèle autant que possible, de façon à laisser le passage des outils appelés à les ragréer. Lorsqu'on a un nu sortant de dessous une draperie, on choisit quelquefois de préférence l'endroit de cette séparation pour faire la monture, parce que le joint dans cette occasion se trouve mieux dissimulé ; mais cependant, si cela ne tournait pas la difficulté que l'on a en vue d'amoindrir, il vaudrait mieux faire la monture sur la draperie : et je dirai pour être bref qu'à Paris on fait des montures partout où il est besoin. Bien que tout cela soit à présent l'affaire *des monteurs* (spécialistes dans cette partie de l'art), un ciseleur doit cependant savoir, en ce qui le concerne, les vraies conditions dans lesquelles les montures doivent être faites, et j'ai vu souvent des chefs d'ateliers fort experts consulter les plus compétents d'entre nous, avant de prendre une décision.

Règle générale, à de rares exceptions près, la monture se fait quand la ciselure des morceaux est terminée. Ce n'est que lorsque le monteur a joint, ajusté et arrêté les morceaux solidement, que la pièce revient au ciseleur.

J'ai dit plus haut que les morceaux qui devaient être joints ensemble ont besoin d'avoir sur le bord de l'assemblage une petite lèvre venue à la fonte et qui, le dépassant de trois ou quatre millimètres, se trouve border le joint des deux côtés, de cet excédent de matière. Le ciseleur prend alors un mat à grains, grippant bien la matière, et nommé ordinairement un *outil à sertir*, puis, à l'aide du marteau frappant sur l'outil, il pousse ces deux lèvres l'une contre l'autre, de façon à combler tous les *vides* qui seraient dans le joint ; à mesure qu'il fait ce travail, et de temps en temps, il baisse (selon la facilité qu'il a d'aller partout), au ciseau, à la lime ou au rifloir, l'épaisseur de ces lèvres et commence ainsi l'*affleurement* du tout, et en examinant bien attentivement tous les endroits où le joint paraît, il y pousse à l'aide de l'outil et du marteau l'excédent de cette matière qui lui reste encore, *et qu'il doit ménager*, jusqu'à affleurement complet, lequel affleurement se poursuit jusqu'à ce qu'on n'aperçoive plus trace de joint.

Si à l'endroit de la monture il y avait un travail d'outil, de mat, de rayé, etc., on doit le reprendre adroitement, et ne pas laisser apparence de joint, ni interruption du travail qui est sur lui. Voilà les conditions d'une bonne ragréure.

Les fonds étant les endroits souvent les plus difficiles, on doit s'ingénier de manière à ce qu'ils soient aussi bien traités que les dessus. J'ai fait des ragréures difficiles (où la main et l'outil ne pouvaient aller), avec une ressing à repousser, sur le bout de laquelle je piquais quelques coups d'outils pour la faire gripper un peu, puis des rifloirs cambrés exprès au feu faisaient le reste (Voyez *Ressing.*)

On ne fait guère de ragréures des montures à froid que sur les bronzes, et une partie des pendules, etc., de commerce, sont ainsi ajustées. Mais on fait aussi des montures à froid sur les grandes choses; les jambes du cheval de la statue équestre du duc d'Orléans, posée avant 1848, dans la cour du Louvre, fondue chez Soyer, étaient montées ainsi.

Bien que je vienne de dire qu'on ne fait presque

des montures à froid que sur le bronze, je dois dire cependant que rien n'empêche d'en faire sur les autres métaux, excepté peut-être sur le zinc.

A l'heure ou j'écris ceci, on n'a pas encore trouvé le moyen de souder l'aluminium *avec lui-même*, et on n'a fait que de très petites choses; toutefois les montures à froid auraient permis, ce me semble, de faire de plus grandes pièces et d'essayer du grand air, afin de savoir comment ce métal s'y comporte avec le temps.

DES PIÈCES A CHAUD ET A FROID

On pose des pièces dans les endroits où la matière fait défaut (manque), et ces pièces se posent à chaud et à froid. Les pièces soudées doivent se ragréer comme toute soudure, en ayant égard à la forme d'abord, ensuite pour le reste comme il a été dit.

Les pièces à froid ne peuvent se poser que dans les endroits où l'épaisseur du métal promet de la solidité. Ces pièces sont entrées ordinairement un peu de force, puis on les fixe sur le joint même au moyen de rivets taraudés. On doit pour les pièces les poser de manière à ce qu'elles désaffleurent un peu, pour se servir de ce surplus, et bien sertir le joint, sans le faire aux dépens du côté qui reçoit la pièce, encore moins à ceux de la forme.

3.

DES RIVETS

Lorsqu'il y a des petits *manques* de matières, des *picotures*, ou des trous, que l'on ne pourrait atteindre qu'en appauvrissant la forme, on met alors pour y suppléer ou les boucher, ce qu'on nomme un ou plusieurs *rivets*. Il y a des rivets de deux sortes, les rivets taraudés et les rivets non taraudés. Un rivet taraudé n'est pas autre chose qu'une cheville à vis du même métal. On en fait de plusieurs grosseurs : quand le trou qu'on veut boucher n'est pas trop grand (cas dans lequel on met une pièce), la grosseur qui le bouche le mieux d'un coup est celle qu'il faut préférer. On laisse dépasser la tête du rivet de façon à se servir de cet excédent pour le bien pétrir et sertir dessus.

Pour poser les rivets, on se sert ordinairement d'un fleuret monté en archet, et d'un foret monté dans une bobine. Sur le trou même on en fait un de la grosseur dont on a besoin, puis avec un taraud mâle (outil à faire les pas de vis), un peu plus gros de toute l'épaisseur de son pas de vis que le foret, on taraude le trou, et avec une filière correspondante au taraud, on filète le rivet. Cela fait, à l'aide d'un étau à main, on visse le rivet, après l'avoir un peu appointé à la lime pour lui faciliter l'entrée : une fois bien entré, on le coupe en le laissant dépasser de 3 ou 4 millimètres, et on le

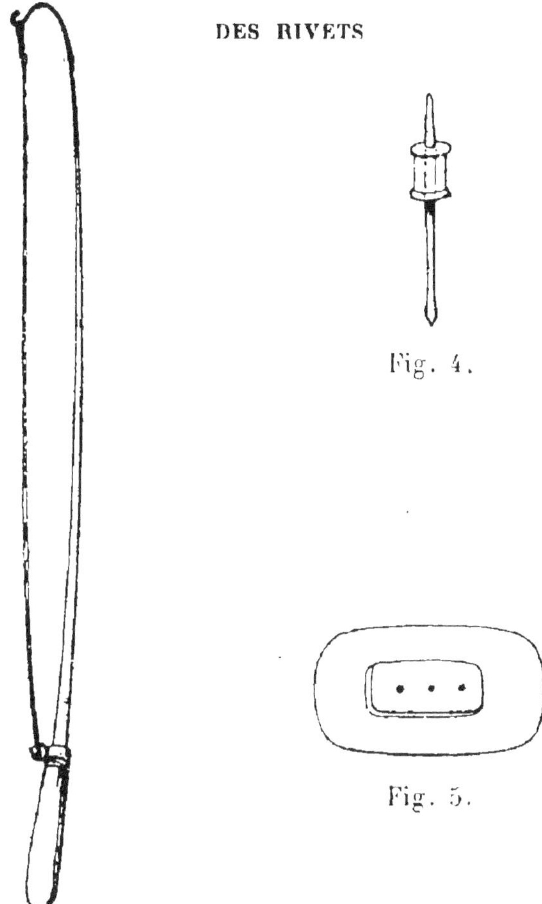

Fig. 4.

Fig. 5.

Fig. 3.

Fig. 3. Archet servant à faire tourner le foret pour la pose des rivets. L'archet est presque toujours un fleuret d'escrime recourbé
du bout, et auquel on pose une corde en boyau recouverte de fil
de fer.

Fig. 4. Foret servant à percer les trous pour la pose des rivets. Le
petit côté se pose en pivotant sur la conscience (fig. 5); la grosseur des forets doit correspondre exactement aux numéros de la
filière. On ne doit pas les tremper trop à sec, parce qu'ils casse-
raient dans le trou.

Fig. 5. Conscience. La conscience est un morceau de planche ou
de tôle forte, longue d'à peu près 15 à 18 centimètres, portant
sur le milieu un morceau d'acier sur lequel on a donné deux ou
trois coups de pointeau. C'est dans ces coups de pointeau que l'on
pose l'extrémité du foret qui pivote dedans. La conscience se pose
sur la poitrine, et c'est avec cette dernière qu'on appuie sur le
foret pour percer pendant que la main droite fait aller l'archet.

sertit bien à l'outil, après quoi on l'affleure. On doit avoir des forets correspondant aux trous des filières ; on doit en avoir cinq ou six de plusieurs grosseurs (fig. 3, 4, 5, 6 et 7).

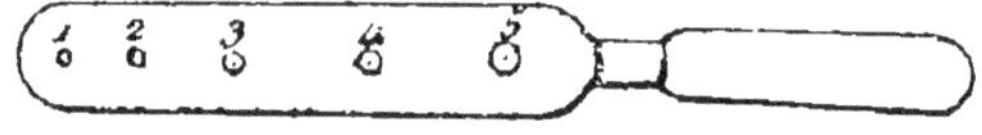

Fig. 6. Filière de plusieurs grosseurs de trous servant à tarauder les rivets à vis.

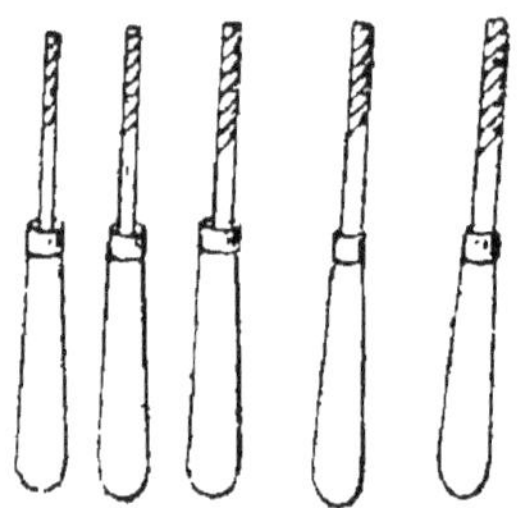

Fig. 7. Tarauds d'acier trempé (pas trop sec) pour tarauder les trous dans lesquels on met des rivets. Filières, tarauds et foret doivent correspondre exactement de grosseur pour la même opération.

DES RIVETS NON TARAUDÉS

Les rivets non taraudés s'enfoncent comme une cheville ordinaire, le secret de les faire tenir consiste à affûter son foret en sifflet (pour le fond seulement), parce que le trou se trouve plus large au fond qu'au bord, et si le rivet ne traverse pas, il va buter au fond et fait queue d'aronde ; mais si la matière dans laquelle on veut introduire un rivet non taraudé et à froid, est mince, je conseille de ne l'y pas mettre, car rarement il est solide; on le pose alors à la soudure (les matrices de fonte exceptées), mais sur le bronze dans ce cas, et si c'est pour mettre au vert, il devient visible par l'alliage de la soudure qui donne un ton différent à l'oxydation. Pour la dorure et l'argenture, ça ne fait rien.

J'ai mis souvent des rivets non taraudés dans des matrices de fonte de fer à estamper au mouton, je les faisais buter ainsi qu'on me l'avait appris, et ils tenaient très bien. Je dois dire aussi que dans la fonte de fer on ne peut pas entrer de force un rivet dans un endroit faible, dégagé et sans soutien de force, car dans ce cas on ferait éclater l'endroit; on ne peut en mettre que là où il y a résistance suffisante. Je les choisissais en bon fer doux, bien recuit, et ils adhéraient très bien. Le fer aigre et sec ne vaut rien.

DES RIVETS A PROPOS DU VERT ANTIQUE

A propos des rivets dans le bronze, et quand il s'agit de mettre au vert antique, on doit se servir du même cuivre (voyez *du vert antique*, page 74). Puis, lorsque les pièces à froid ou les rivets à froid sont posés, on doit, autant qu'on le peut, éviter de mettre au déroché les morceaux qui ont été traités dans cet article, parce que l'eau seconde, entrant à l'intérieur de la pièce, s'infiltre dans les joints (qui sont moins imperméables que les dessus qui ont été planés et sertis) et fait un suintement dans les joints, qui, à la longue, montre où ils sont, en perçant en dessus par une oxydation différente.

L'huile déterminant aussi une oxydation sur le bronze, produit avec le temps un suintement d'une couleur verdâtre différente. Si on veut graisser un rivet taraudé pour qu'il entre mieux, on doit le faire avec de la cire jaune.

CHAPITRE VIII

Des moyens de faire tenir les bustes, statues et autres pièces minces qui ne peuvent être mises en ciment ni à l'étau.

On est quelquefois bien embarrassé quand on a par exemple un buste en galvano à réparer, on ne peut le mettre à l'étau, car on l'aplatirait.

En ciment, il en faudrait quelquefois une masse si considérable, que pour en chauffer en si grande quantité, on n'a pas toujours tout ce qui est nécessaire.

Puis après, pour nettoyer à l'intérieur, si besoin est, il faut mettre au feu. Pour une statue en zinc, la température à laquelle il faut s'élever, pour brûler le ciment, fondrait la figure ; quant au galvano, plus il va au feu, plus mauvais il devient, et cependant *ça ne porte pas*, et on ne travaille qu'avec crainte.

DES MOYENS DE LES FAIRE TENIR

Pour résoudre cette difficulté, vous prendrez dans cette occasion du sable à fondeur, un peu humide (mais pas trop), vous en remplirez votre pièce en bourrant bien le sable avec un morceau

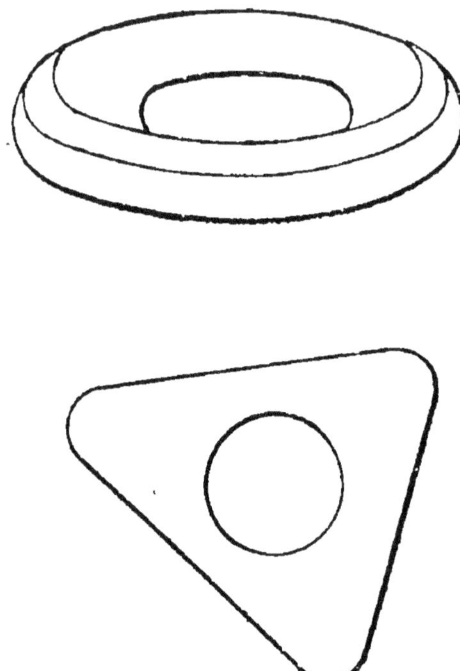

Fig. 8.   Coussins servant à ciseler les pièces que l'on ne veut pas mettre en ciment.

de bois, vous tiendrez la tête de votre figure en bas et ajouterez le sable en le tassant.

Puis une fois votre pièce bien remplie, vous fermerez le trou par où le sable est entré, avec du bon plâtre gâché bien serré, auquel vous donnerez trois doigts d'épaisseur ; laissez bien prendre le plâtre avant de travailler.

Vous poserez ensuite la pièce sur l'établi, et vous la calerez avec des coussins de cuir remplis de sable (fig. 8, 9 et 10).

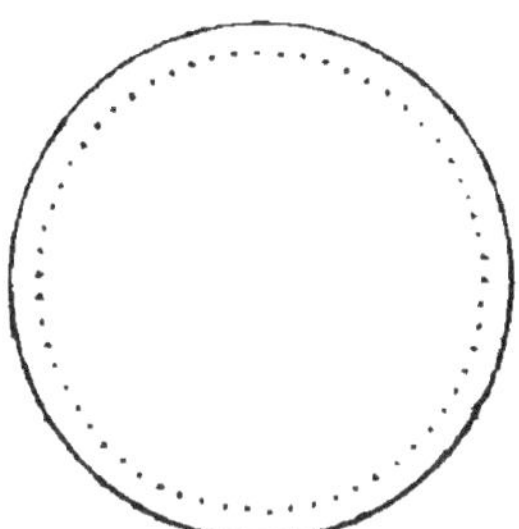

Fig. 9. Coussin de cuir rempli de sable (bien sec) vu de face. On en fait de toutes grandeurs. Habituellement, c'est environ 25 centimètres de diamètre. Le cuir doit être résistant et bien cousu, il fatigue. Pour donner de la force à la couture, on laisse une marge d'au moins 1 centimètre.

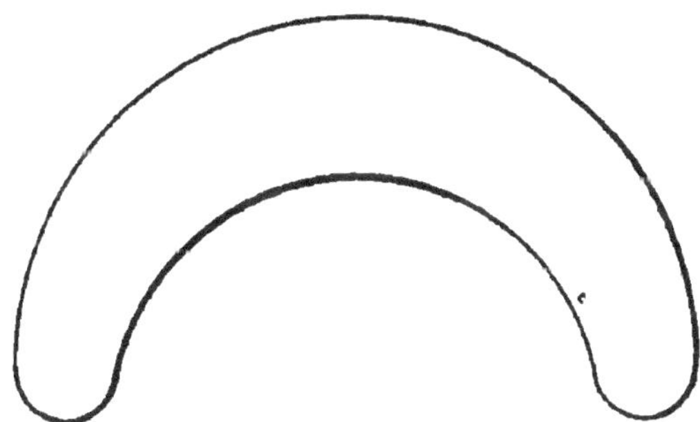

Fig. 10. Croissant en cuir servant à caler les pièces à ciseler sur le coussin.

Il est inutile de dire qu'une fois la ciselure terminée, on casse le plâtre et qu'on sort le sable.

CHAPITRE IX

De l'habileté

—

Il y a deux sortes d'habileté dans l'art du ciseleur, celle qui touche juste sans tâtonnement au premier coup; c'est ce qu'on peut appeler du savoir.

Puis dans les travaux de commerce, il y a l'habileté des *abatteurs* qui, souvent aussi, sont des *éreinteurs*, ainsi qu'on les nomme dans le langage de l'atelier, nettoyant la forme plutôt qu'ils ne l'embellissent, mais la nettoyant vivement.

J'ai observé de près mes camarades et moi-même : les uns sont méthodistes et procèdent avec un parti pris logiquement. D'autres travaillent sans méthode et marchent rapidement sans se rendre toujours bien compte de la manière dont ils procèdent : ils y gagnent peut-être le temps qu'ils mettraient à réfléchir. Mais ces derniers ont généralement une facilité qui, en résumé, est toujours un acquit d'expérience, et savent, lorsqu'ils se sont écartés de leur route, y revenir sans effort par un petit chemin de traverse. Certains ciseleurs ne sont réellement habiles que dans une spécialité; sortez-les de là, ils sont quelquefois au-dessous de l'ordinaire.

D'autres encore ne sont que par tempérament plus aptes à *tenir coup* au travail que certains tempéraments lymphatiques à sang lourd et qui dorment dessus.

En résumé, l'habileté s'acquiert par le travail et l'étude, mais on ne peut pas nier que chez certains individus, elle ne soit une sorte de don naturel, une faculté plus grande, plus vive, de comprendre et d'exécuter.

Dans les travaux fort savants, ceux d'anatomie, par exemple, l'habileté est la science acquise qui prend vivement un parti là où celui qui manque d'étude est obligé de procéder par la voie toujours si longue du tâtonnement.

CHAPITRE X

Observations sur les bronzes qui doivent être dorés isolément, pour meubles et montures de porcelaines.

—

Les bronzes dorés sont pour la plus grande partie des pièces visant à l'effet clinquant. Ce que je viens de dire s'applique surtout aux pièces à parties brunies ; celles-ci doivent être riflées doux, bien dressées dans les unis, et ces derniers être passés au papier émeri, pour que le brunissoir, en mettant à vif, ne découvre pas désagréablement les traits durs de rifloir, ou d'autres défectuosités qu'il peut y avoir.

Comme le plus souvent le doré est de l'ornement du Louis XV, les feuilles par exemple, doivent être brettées avec des mats à grains du genre que l'on fait : on doit autant que possible les poser avec hardiesse et fermement. C'est un des caractères du style rocaille ; le mat doit sur les feuilles être imprimé plus légèrement sur les bouts que dans le milieu.

On doit, pour l'ornement Louis XV, viser à un effet d'opposition heurté, ce qu'on nomme *faire du tapage*.

Les figures et les ornements unis, qui sont dorés à l'or mat, doivent être d'un travail doux, fermes, et n'avoir pas de piqûres de fontes ; quand il y en a, on doit les planer, et si l'on juge ne pas pouvoir les atteindre, il faut mettre des rivets (Voyez *rivets*). Rien n'est plus laid que des piqûres, si petites qu'elles soient, qui font taches et deviennent par là très visibles ; si la pièce a quelque importance ou doit être vue de près, on doit manœuvrer de façon à les faire disparaître.

Il faut avant de commencer à ciseler un morceau qui doit être doré, le passer à l'eau-forte, cela découvrira davantage les défauts et aidera à s'en rendre un compte plus exact.

Les bronzes pour montures de porcelaine doivent être traités comme il vient d'être dit, à moins que ce ne soient des *travaux très courants* (peu payés), sur lesquels, ainsi qu'on dit, *on lâche la main*.

Mais une chose assez importante dans les bronzes pour montures de meubles et de porcelaine, c'est de ne pas les décontourner en les serrant trop à l'étau, ou en les faisant porter à faux sur les mâchoires. Le monteur, en les ajustant, est obligé de les frapper pour les ramener à épouser la forme, il les casse souvent, et alors il faut avoir recours aux soudures et ragréures.

En somme, faites des efforts pour faire tenir, sans changer leurs formes, les bronzes à contours très mouvementés.

CHAPITRE XI

Des passes à l'eau-forte

Il est d'usage dans certaines maisons de bronze
pour le commerce, de passer les surmoulés à l'eau-
forte avant de les ciseler, afin de les livrer en
jaune. Bien que cela ne soit pas absolument nécessaire, surtout quand les figures doivent être
bronzées artificiellement, ce passage a une certaine
importance pour les bronzes qui doivent être dorés ;
d'eau-forte découvrant les gerçures et les piqûres
de fonte, permet davantage, en les montrant mieux,
de s'arranger pour les faire disparaître, soit en les
planant ou les riflant, soit en posant des rivets ;
puis, comme je l'ai dit, il est d'usage dans certaines maisons de rendre l'ouvrage ainsi préparé.
Dans mon opinion, je dirai qu'il y a quantité de
cas où ce travail est tout à fait inutile ; mais il y
en a cependant d'autres où il vaut mieux avoir sa
pièce d'un ton égal, parce qu'on juge mieux de son

unité et de son harmonie : ce que je dis là s'applique aux modèles.

Avant d'entrer dans le sujet, il est nécessaire que je dise que l'acide azotique (eau-forte) est un acide très fort, ainsi que l'indique son nom ancien, nom qu'il justifie bien, puisqu'il dissout le cuivre et l'argent. Il faut avoir soin de tenir cet acide dans des bouteilles de grès ou dans des bouteilles de verre assez fortes, pour ne pas se casser au premier choc accidentel ; dans des flacons rôdés à l'émeri si l'on veut. Je préfère les vases en verre à ceux de grès, par la raison que le verre étant diaphane permet de reconnaître la quantité d'acide contenue ; ce qui est certainement un avantage quand il s'agit de verser. Si vous n'avez pas un flacon à bouchon de verre rodé à l'émeri, vous boucherez votre bouteille avec de la cire : un bouchon de liège est bien vite rongé, la cire résiste très bien, et la preuve c'est que l'on fait des gravures à l'eau-forte en faisant les épargnes avec de la cire, à défaut de vernis.

Puis, comme les malheurs arrivent presque toujours par des voies imprévues, ne laissez pas vos acides à la portée des enfants.

Que les bouteilles ou flacons contenant vos acides soient toujours *étiquetés à part*, et remarquables *d'une façon tranchée*. Une méprise de bouteille, un jour à l'atelier, fut cause d'une scène atroce : un jeune camarade croyant boire de l'eau fut empoisonné avec de l'acide sulfurique, quatre hommes forts étaient impuissants à le contenir, c'était un spectacle affreux ! On parvint cependant, quoique un peu tard, à lui administrer un réactif, on lui sauva la vie, mais il perdit l'intelligence, resta idiot. N'allez cependant pas au delà de ce que je veux dire *de la précaution*.

Avant de passer à l'eau-forte, on doit se munir d'un seau propre ou d'une gamelle assez grande pour pouvoir rincer la pièce. Il faut aussi avoir de la sciure de bois pour sécher la pièce aussitôt qu'elle a été rincée. Dans les ateliers, l'on tient la sciure à sécher dans une caisse, ce qui permet facilement de retourner le morceau tout à l'aise. Ayez soin que votre sciure ne soit pas humide comme j'en ai vu souvent, et si vous faites des choses qui en valent la peine, ne vous servez pas non plus, pour sécher à l'eau-forte, de la sciure à sécher les dérochés ; celle-ci habituellement est assez sale et ternit le beau jaune obtenu. On se sert d'eau-forte du commerce, je veux dire d'acide ordinaire (40 degrés) ; l'acide azotique concentré n'est pas nécessaire dans ce travail.

Pour passer à l'eau-forte, voici comment on procède : on en verse un peu dans une gamelle *de grès* ou de verre, et il est important que le contenant soit imperméable *aux acides*. Comme je ne pourrais vous indiquer ici la quantité à verser, attendu que la détermination des proportions est une affaire d'expérience et toute relative à la grosseur de l'objet, pour y suppléer, je vous dirai que pour une statuette de 30 à 35 centimètres de hauteur, j'en verserais en eau-forte à peu près la contenance d'un œuf de poule. On y ajoute, ou plutôt on met, avant de verser dans une gamelle, un peu de suie calcinée, puis un peu de sel de cuisine, puis l'acide, et on mélange avec une baguette de bois, ce qui est fait de suite : puis tenant votre pièce de la main gauche, et à l'aide d'un petit pinceau de chiffon au bout d'un petit manche de bois, vous barbouillez votre statuette (ou autre), et vous la voyez instantanément devenir jaune ; vous la retournez alors sens dessus dessous, c'est-à-dire que si vous avez mis les pieds en bas pour commencer, c'est le tour de la tête : à mesure que vous voyez que l'acide agit, vous continuez et vous allez avec le pinceau partout où vous n'avez pas encore passé. Avec de l'expérience vous saurez de suite à quoi vous en tenir, et, quand vous aurez répété l'opération quelques fois, vous l'aurez acquise. Aussitôt que vous croyez que tout est jaune, ce qui a dû se faire rapidement, vous plongez la pièce dans l'eau propre ; si elle est bien venue, séchez-la aussitôt dans la sciure avec une brosse à long poil. Mais avant de la sécher, et lorsque vous la sortez de l'eau, s'il y avait encore des places noires, remettez-y aussitôt un peu d'eau-forte, rincez et séchez.

Tout cela doit se faire vivement, le séché surtout,

pour éviter que l'air ne produise une oxydation sur le cuivre humide. Lorsque au rincé vous vous apercevez que votre pièce a encore des places noirâtres et que vous retournez à l'eau-forte, votre pièce étant toute mouillée viendrait égoutter dans votre acide et l'affaiblirait ; évitez cela en secouant l'eau vivement avant de remettre la pièce à l'acide.

Ce qui remplace avantageusement le pinceau, est une tige d'artichaut, qu'on aplatit un peu en frappant dessus, c'est filandreux et fait un pinceau naturel qui résiste à l'eau-forte mieux que tous les chiffons. Je connais des ciseleurs qui, dans la saison des artichauts, font leur provision de tiges pour toute l'année, ce qui veut dire qu'elles se conservent.

Pour passer les petites pièces, on les attache avec un fil *de cuivre*, et on les sauce dans l'eau-forte, puis dans l'eau propre et dans la sciure, en trois temps.

Les cuivres ne viennent pas tous d'un beau jaune, et s'il s'en trouve qui, aussitôt passés, sont semblables à la dorure, il y en a aussi qui sont toujours un peu noirâtres : à cela, il n'y a souvent rien à faire ; la raison en est dans la différence des alliages.

Notez bien que la quantité d'acide ne nuit jamais, au contraire ; si l'on ne baigne pas la pièce en entier lorsqu'elle est grande, c'est par pure raison économique. La passe à l'eau-forte est une chose simple et bientôt faite. Il est important avant de la faire que la pièce soit bien dérochée et bien dessablée.

En passant à l'eau-forte, évitez de rester le nez dessus, faites cela au grand air autant que vous le pourrez. Si vous êtes forcé de passer à l'eau-forte dans une chambre, faites-le sous la cheminée ; car il s'en faut que ce soit une opération hygiénique.

Comme on peut se livrer quelquefois à la lecture des vieilles opérations chimiques, il n'est pas mauvais de savoir qu'au XIIe siècle, Albert-le-Grand préparait l'eau-forte et l'employait pour séparer l'or de l'argent ; que les alchimistes du Moyen âge la nommaient *esprit de nitre* ; que, lors de la réforme des nomenclatures, on lui a imposé le nom d'*acide nitrique*, et que plus tard, et maintenant dans la science, on l'appelle *acide azotique*, et communément, depuis longtemps, *eau-forte*.

Nota. Les marchands de couleurs vendent de la suie calcinée, et pour 5 centimes l'on en a pour plusieurs fois.

CHAPITRE XII

De la ciselure et de la retouche moderne des galvanos or, argent et cuivre

—

La retouche des galvanos exige beaucoup de soins. On croit la chose très facile, mais c'est une erreur. Le galvano est certainement en progrès, il progressera sans doute encore. Il est arrivé à une très grande perfection comme reproduction; mais pour le métal, je dois dire à propos de ciselure que c'est assez péniblement qu'il se laisse travailler. Lorsqu'un morceau a été mené trop vite à la pile, soit que cette dernière soit trop chargée en zinc ou en acide, il y a ce que les chimistes nomment une précipitation tumultueuse, et le métal alors manque de corps et d'homogénéité, il est rêche à planer, et, chose assez bizarre, il est rêche et il est mou : puis, trop plané à l'outil, il se détache des petites pailles; surtout quand il a été mené trop vivement à la pile, il y a dessous et dans l'épaisseur de la métallisation des gros et petits grains qui donnent une inégalité au plané. Il est très facile de comprendre que ces grains faisant enclume dessous opposent une résistance que dans l'intervalle de ces grains l'outil ne rencontre pas.

J'ai pour ma part beaucoup ciselé de galvanos, j'ai parfois rencontré des pièces très douces derrière, sans graveleux, et dont les molécules étaient très compactes et se planaient bien ; mais c'est en tout cas un métal qu'il ne faut jamais fatiguer. Son récroui ne se dilate pas au feu de la même manière que les métaux fondus, forgés, laminés ou martelés à froid ; le récroui, lorsqu'on le recuit au vent du soufflet surtout, fait quelquefois *lever* quantités de petits globules qu'il faut aplatir *un à un* patiemment, ce qui devient parfois, vu le nombre, un vrai travail.

On monte maintenant les galvanos à la soudure forte ; on en fait alors la ragréure, de la même façon que l'on fait celle du fondu ; c'est-à-dire que cela consiste à rappareiller le joint le plus proprement possible, et à enlever l'excédent de la soudure qui se trouve faire saillant sur la forme : je recommande la lime de préférence à tout autre outil ; une fois bien préparé, affleuré, rappareillez soit le grain du mat, s'il y en a, soit le riflé, soit le poil, si c'est un animal, en un mot, manœuvrez de façon à bien dissimuler le joint que la monture a ajusté.

On doit pour les galvanos se servir de ciments

assez fermes, les ciments gras fléchissent trop; je dirai même que souvent, ayant à faire des retouches ou ragréures de petits morceaux, je l'emplissais non pas avec du ciment, mais avec de l'alun sur une lampe à esprit-de-vin. Il ne faut pas faire bouillir, vous auriez des globules, mais seulement liquéfier; l'alun est bon quand vous n'avez pas à modifier dans vos masses, parce que autrement le ciment est préférable.

Le galvano se rifle bien; cependant il arrive assez souvent qu'il est *cotonneux*; je dis cotonneux, parce que je ne sais comment décrire un certain flou, bourru, qui est plus difficile à dresser qu'un métal traité par la voie ordinaire (le feu).

On fait aussi en galvano beaucoup de soudures à l'étain; souvent, pour ne pas rejeter un morceau bien venu d'ailleurs, on met des pièces à l'étain, c'est-à-dire de la soudure posée au fer rouge aux endroits où il y a manque : cette soudure bien ragréée, le morceau est recuivré (à la pile) à l'endroit de la soudure, et l'on ne s'en douterait pas. Pour la ragréure des soudures d'étain, planez le moins possible, faites le plus que vous pourrez au grattoir *surtout* et à l'outil coupant; puis, rappareillez le travail d'outil, soit mat ou autrement; mais n'oubliez pas que votre étain, étant plus tendre que le cuivre, prend le mat, et que le traçoir a un bien plus léger coup de marteau que ce dernier : de plus, si vous frappez fort, l'étain quittera le cuivre ; ce dernier étant le plus dur, sert d'enclume à l'étain qui, s'aplatissant sous l'outil, se trouve pour ainsi dire laminé, obéit à la pression faite sur lui, mais en divorçant complètement avec le cuivre, auquel on l'avait soudé. Les métallisations obtenues par la pile, soit or, argent, cuivre, étant des métaux à peu de chose près purs, sont molles, et exigent du marteau sur l'outil, une retenue, une réserve proportionnée ; pour être bref, frappez moins fort que sur les fondus et les métaux planés.

Si vous vous servez de l'outil coupant, craignez les trous, allez-y prudemment et sachez que sur les surfaces et dans les fonds les angles aigus viennent moins épais que les plans parallèles aux fonds, si c'est un bas-relief, et que les angles aigus des rondes-bosses sont également plus minces ; de plus une pièce à grande surface est presque toujours inégale d'épaisseur, malgré l'adresse du praticien qui l'a galvanisée et qui a quelquefois mis des conducteurs au milieu, pour appeler la métallisation au centre. Malgré cela, la pièce est plus épaisse sur les bords qu'au milieu, et exige en conséquence une attention proportionnée, pour ne pas trouer, surtout lorsque c'est très mince.

CHAPITRE XIII

De quelques effets métalliques considérés comme art

—

J'ai pour mon propre compte une aversion très grande pour l'effet produit par le gratte-bossé, sur une pièce d'art soit or, doré, argent, bronze même; le motif de mon aversion est que le modelé est tué net, sous l'effet de quantité de mirages reflétant, selon la lumière à laquelle la pièce est exposée, toutes les choses environnantes, confusionnant les lignes sous un brillant mal entendu qu'on a trop souvent la simplicité de prendre pour de la ri- chesse. Ce que je dis s'applique surtout à la figure; allez voir les deux grands anges dorés, sur le maî- tre-autel de Notre-Dame-de-Lorette, où, à certaines heures, si ce n'était la silhouette desdits anges, il serait impossible de savoir où sont les membres dans les draperies. Indépendamment de cela, ce ne sont pas des artistes des XIIe et XIIIe siècles qui au- raient divisé leur effet en appelant l'attention d'une manière *criarde* sur les deux bouts de l'autel, au lieu de centraliser la vue sur le milieu.

Une figure d'art ne doit pas être *astiquée* comme un fourreau de sabre de cavalerie.

Les Anglais ont pris l'extrême contraire, et une partie de leurs figures d'argent ciselé sont déguisées à l'état de sucre blanc. Cette belle *unité* (ce triste effet monotone) s'obtient au moyen de quantités de petites molettes d'acier sablé à la pointe fine et faisant l'éperon qu'on promène en tous sens sur l'ouvrage ; il y a des molettes pour les yeux, il y en a pour aller partout, et quand tout est égal de ton à du sucre cassé, les artistes anglais rehaussent encore la gentillesse en brunissant des boucles, des souliers, des jarretières, des boutons, etc., en un mot, le modelé n'a plus de nerfs, et c'est plus que laid, c'est affreux.

Ne prenez jamais pour de l'unité la monotonie, et qu'importe qu'elle soit mate ou clinquante.

L'art vit surtout de nuances et de contrastes.

CHAPITRE XIV

Des bronzages artificiels et des bronzés naturels. — Du vert antique. — Des bronzages dits florentins et du vrai bronzé florentin.

—

Une partie des bronzages du commerce sont des bronzages artificiels, produits par des poudres métalliques, de différentes couleurs, nommées *bronzines*, qui, mêlées aux vernis, aux siccatifs, à la mixtion, sont posées au pinceau comme toute autre couleur.

Mais le véritable bronzage n'est pas cela, c'est une oxydation naturelle du bronze lui-même, laquelle oxydation varie de ton, de couleur, en raison des influences qui l'ont produite.

Il est d'habitude en ciselure lorsqu'on a fait un modèle, de le rendre d'un ton autre que celui du cuivre fraîchement travaillé, et cela pour donner de l'unité à la pièce.

DU VERT ANTIQUE

On emploie pour cela plusieurs moyens, le plus souvent c'est le vert dit antique, mais voyez avant ce qu'il en est dit à l'article des pièces et rivets, page 49. On met simplement de l'ammoniac en poudre (écrasé) et un peu de limaille de cuivre dans du bon vinaigre, et quand celui-ci en est bien *saturé* (la quantité qu'il en peut dissoudre), on en prend avec un pinceau, et on en passe sur la pièce, cela se fait vivement; on doit surtout s'attacher à en mettre dans les petits fonds : comme le vert fonce de ton à vue d'œil, on l'arrête au ton qu'on veut, en passant dessus un peu d'huile avec du coton ou un autre pinceau, après quoi l'on essuie de préférence avec du coton sec.

On fait à la Monnaie un autre vert antique dont voici la recette :

Vinaigre blanc.	1/2 litre.
Sel ammoniac	7 gr. 6 déc.
Sel de cuisine	7 gr. 6 déc.
Apprêt volatil de corne de cerf (ou ammoniaque liquide) . .	15 gr. 2 déc.

Cette composition s'applique au pinceau et à diverses reprises.

Dans les ateliers j'ai vu, pour rendre des modèles, les mettre simplement dans de la déroche ayant déjà servi et dans laquelle on avait mis quelques morceaux de fer. La déroche est composée ordinairement de sept ou huit fois autant d'eau que d'acide sulfurique; on laisse tremper environ une heure, après quoi on sèche au feu (sans fumée) sans élever la chaleur trop haut, puis on passe sur la pièce *très peu* d'huile au pinceau; tout cela donne un ton rouge de la couleur du cuivre pur.

BRONZAGES DITS FLORENTINS

A la Monnaie on passe les médailles à une sorte de bronzé dit florentin, qui a un ton tirant sur la couleur du chocolat. En voici la recette :

Vert-de-gris. . . . .   500 gram.
Sel ammoniac. . . . .   475 gram.
Un verre de fort vinaigre.

On pulvérise le vert-de-gris et le sel ammoniac. On mêle les deux poudres. On prend gros comme un œuf de ce mélange, on en fait une pâte avec une portion du verre de vinaigre ci-dessus. On met cette pâte dans une casserole en cuivre, on y ajoute deux litres d'eau; on fait bouillir pendant vingt minutes et on décante.

Lorsqu'on veut bronzer, on verse dans une casserole de cuivre une portion de la liqueur ci-dessus décantée et l'on y introduit les médailles, en

les supportant avec quelques morceaux de bois
blanc, de peur qu'elles n'adhèrent à la casserole
ou entre elles. On continue l'ébullition pendant
environ un quart d'heure.

Voici une autre préparation indiquée par Wal-
ker :

On verse dans un demi-litre de vinaigre 60 grammes de carbonate d'ammoniaque et 30 grammes
d'acétate de cuivre, on fait bouillir le mélange jusqu'à ce qu'il soit presque entièrement évaporé ; on
ajoute alors à la dissolution un demi-litre de vinaigre dans lequel on a fait dissoudre 8 décigrammes d'acide oxalique et 82 décigrammes de chlor-
hydrate d'ammoniaque. On remet le mélange sur
le feu, on le chauffe jusqu'à l'ébullition, et on le
filtre lorsqu'il est refroidi.

Le liquide ainsi obtenu s'applique, à l'aide d'un
pinceau, sur la médaille que l'on a préalablement
chauffée. On frotte durant une demi-minute ; puis
on verse de l'eau bouillante sur l'épreuve, qui sèche aussitôt. On la frotte ensuite légèrement avec
du coton à peine imbibé d'huile, et on la sèche
avec du coton sec.

On fait encore une sorte de bronzé florentin
par oxydation, en vernissant la pièce avec un vernis au benjoin et en la mettant ensuite dans un
four, dans celui d'un poêle fourneau, par exemple,
si la pièce n'est pas trop grande.

VÉRITABLE BRONZÉ FLORENTIN

Le véritable bronzé florentin, qui est d'un ton tirant sur le noir, se faisait en enfumant la pièce sur des charbons allumés, sur lesquels on saupoudrait de la râclure de corne de cerf.

Pour tous les bronzages, la pièce doit être bien propre avant d'opérer.

CHAPITRE XV

Ciselure du zinc. — De l'écouane

—

J'ai travaillé à ciseler les premières figures en zinc, coulées dans du sable de fondeur, qui aient été faites à Paris; c'était chez M. Debraux. J'ai revu ce genre d'industrie plus tard à la société de la *Vieille montagne*, et les moyens sont restés les mêmes.

Le zinc n'est pas ductile, il est peu malléable, excepté en laminé (ou à moins d'alliage), et, par conséquent, ne vaut rien pour faire du repoussé. Il a plus de dureté que le plomb et que l'étain, mais son peu de ductilité ne permet pas d'en tirer des fils : il se plane assez mal, vu sa raideur cassante ; il empâte la taille des limes et des rifloirs, et nécessite, dans ces derniers genres d'outils, une troisième espèce qu'on nomme *écouane*.

L'écouane est une sorte de lime dont la taille n'est ni celle de la râpe ni celle de la lime ordinaire; son profil de taille ressemble aux dents d'une scie, et, vue à plat, c'est une taille simple, profonde de quelque chose comme 3 millimètres, faite le plus souvent avec une lime tierspoint à affûter les scies, ou l'angle d'une lime demi-ronde : c'est une taille qui ne croise pas comme celle des limes par une seconde taille (Voyez fig. 11). On cambre l'écouane au feu, dans

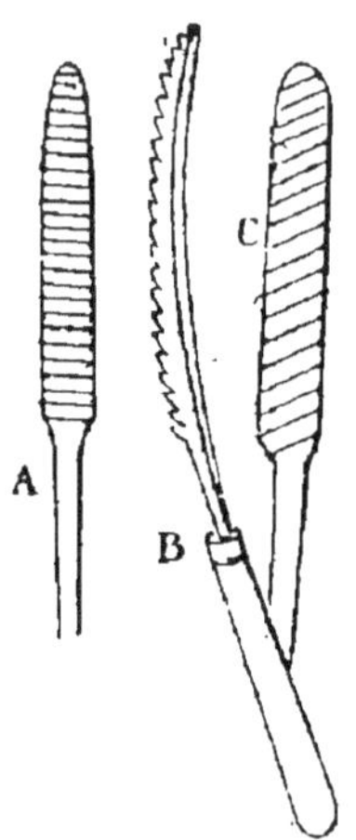

Fig. 11. Ecouane.

A disposition de la taille.
B la même, vue de profil.
C on en taille quelquefois en biais, soit gauche ou
    droit, lorsqu'on en reconnaît l'utilité.

la forme la plus favorable; et cela de la même manière que celle indiquée pour les riffoirs; après quoi on la trempe. Lorsqu'au travail elle s'engorge, il est facile de la nettoyer avec une pointe, une gratte-bosse ou mieux un morceau de carde. Quand l'écouane est usée, on la détrempe et on procède

avec elle comme pour affûter une scie, puis on la
retrempe.

C'est un outil de plombier qui se vend chez les
quincailliers. Mais l'outil qui *marche* le mieux quand
on sait le manœuvrer, c'est le grattoir fait, soit
avec un bout d'acier, soit avec une lime tiers-point
affûtée, pointue ou relevée. Emmanché bien solidement, l'outil fait force souvent.

Les montures du zinc sont faites à la soudure
d'étain ; et lorsqu'on en fait des ragréures et *qu'il
manque*, il vaut mieux en remettre ou en faire remettre avec le fer à souder, que de vouloir pousser
une matière qui se pousse peu.

On croise, si l'on veut, quelques coups de rifloirs
un peu rudes pour terminer, et l'on passe au papier émeri (un peu gros) si la pièce est grande ;
c'est tout ce que ce travail a de particulier.

Le zinc étant très cassant à l'état fondu, l'entenaillé à l'étau exige plus de soin que pour le bronze.
Les grosses pièces se mettent sur un établi ; et l'on
cale avec des coussins de cuir remplis de sable.

Le travail d'ébauche et d'enlevage des jets de
fonte, les coutures, doivent se faire à la scie et à
l'écouane, de préférence à l'outil coupant.

Je n'ai pas besoin de dire que plus le métal est
rèche, plus il exige de ménagement, et que mieux
les outils doivent être tenus bien affûtés.

Les produits de zinc coulés dans des creux sont
traités comme ceux coulés dans du sable : on peut

cependant *lâcher* par ci, par là, quelques coups d'outils, car tout mauvais métal à travailler que soit le zinc, il prend cependant le mat.

Les mises en couleur aux bronzes factices des zincs du commerce, à Paris, ne s'obtiennent pas directement sur le zinc, mais sur une recouverture de cuivre électrique (Voyez article *galvano*).

CHAPITRE XVI

Des creux en cuivre à couler les zincs d'imitation

—

Les moules ou creux à couler les zincs d'imitation, ainsi que ceux à couler l'étain et plusieurs sortes de métaux composés d'alliages, sont des moules en cuivre; ils sont ordinairement faits de la même manière qu'un moule bon creux à couler en plâtre, autrement dire, c'est une série de grandes et de petites pièces en raison des difficultés du moulage et en vue surtout de tourner la difficulté des dépouilles, sans lesquelles, ainsi qu'on le sait, il est impossible de sortir une épreuve du creux qui la produit.

Ainsi que dans un moule bon creux à pièces, en plâtre, les pièces composant tout ou partie du modèle sont réunies dans une chape faisant enveloppe, les réunissant, puis se fermant à l'aide de goupilles, de repères, puis d'un ou deux anneaux passés de force sur le tout extérieurement, faisant serrage et fermant le moule à la façon des cercles d'un tonneau.

Le ciselé des creux en cuivre ne se doit faire qu'après ajustage de toutes les pièces composant le moule, ce qui, à Paris, vu les spécialités et la division du travail, n'est pas ordinairement l'affaire du ciseleur.

Les creux en cuivre sont d'un travail plus sérieux que celui des matrices en fonte de fer ; on fait beaucoup de figures, statuettes, etc., pour pendules et autres en creux de cuivre, tandis qu'il est rare de faire un masque dans les matrices de fonte de fer ; et quand cela arrive, il s'en faut de beaucoup que ce soit dans les mêmes conditions, l'estampé ne permet pas de faire une figure autrement qu'avec toutes les exigences de la dépouille ou une sorte de bas-relief lourd le plus souvent, et justement à cause de cela.

Dans un creux en cuivre à couler du zinc, la forme vise à rivaliser avec une pièce de bronze fondu, et on est dans la nécessité de chercher à ce qu'il ne soit pas inférieur.

En un mot, le moule en cuivre a le même but que le moule en sable de fondeur, la différence est qu'une fois fait il y en a pour plusieurs milliers d'épreuves, au lieu qu'il faut refaire le moule de sable à tous les coups ; de là vient la raison d'économie de ce genre de fabrication, qui, jointe au prix inférieur du métal employé, permet de livrer une pièce présentant presque autant d'effet que le bronze, surtout lorsqu'elle est galvanisée, à un prix bien inférieur ; de là naît aussi la concurrence dans les prix seulement, car le bronze sera toujours le bronze.

Nous avons dit que le creux en cuivre, devant s'emparer de la forme générale d'une ronde-bosse, présente bien plus de difficultés que la matrice en fonte de fer, n'agissant toujours, ou à peu près, que sur une surface plane, dépouillée, ce qui est bien différent. Il est juste de dire aussi, pour le creux en cuivre, que s'il y a plus de difficultés pour la forme, il y a bien plus de ressources pour le métal. Le creux en cuivre se plane à l'outil comme un bronze ordinaire ; il se rifle de même. On peut mettre une pièce, un rivet, dans bien des nécessités, plus facilement que sur un bronze re-lief ; et quand il n'y aurait que l'épaisseur qui offre une solidité que l'on ne rencontre pas toujours sur une statuette, l'avantage serait encore évident. D'ailleurs, la pièce ou le rivet que l'on met dans un creux en cuivre à couler, ne craint pas d'être démontée, comme dans la matrice, par le frappe-ment du mouton de l'estampeur. De plus, si le rivet se trouve sur un angle saillant, on ne craint pas, ainsi que cela arrive à la fonte de fer, que ce même angle casse en posant à force le rivet.

On doit avoir bien soin que les pièces ne se désaf-fleurent pas les unes sur les autres ; rien n'est plus défectueux qu'une pièce rentrée, ce qui veut dire qu'à l'épreuve il y a une pièce sur la même forme, sur une cuisse par exemple, qui se trouve être de 1, 2 ou 3 millimètres plus basse ou plus haute que la pièce qui la touche. Pour éviter cela, on doit veiller avec soin, lorsqu'on cisèle un endroit, que les pièces touchent bien exactement par le fond sur la chape qui les réunit, et se rendre bien compte si ce n'est pas par le dos de la pièce adhérent à la chape que se trouve l'élévation.

Le riflé ne doit pas être dur ; le travail du creux a besoin d'être en rapport avec le métal qu'on coulera dedans, c'est-à-dire qu'il y a certains alliages qui *viennent flou* (plus mous) en refroidissant que certains autres. L'on doit, en conséquence, tenir le travail du creux un peu plus sec dans la forme, pour que le *flou* produit par le refroidissement rétablisse un juste équilibre entre le trop mou du métal et le plus sec du creux.

On doit faire attention à la dépouille de chaque pièce par rapport à la pièce elle-même, sans cela on ne pourrait pas sortir le creux de dessus l'épreuve.

Pour se rendre compte, en ciselant, du modelé des détails, on prend des empreintes avec de la cire à modeler ; mais pour prendre une idée de l'ensemble, on tire un plâtre, en ayant soin auparavant de graisser le creux avec un peu d'huile, pour qu'il n'attache pas.

Certaines pièces du moule peuvent se ciseler à l'étau, mais on doit bien éviter de les fausser en les décontournant par un serrage à faux.

Dans les creux de cuivre, on peut aussi, lorsqu'on a une forme petite, qui se répète beaucoup, tels que des colliers, certaines broderies, etc., enfoncer des poinçons; mais ils doivent être de dépouille, et en les enfonçant on doit bien prendre garde de décontourner la pièce dans laquelle on les enfonce, en se servant d'un marteau trop lourd, et aussi de tomber la boursouflure produite par la matière remontée par l'enfoncement.

CHAPITRE XVII

Des matrices en fonte de fer et des moyens d'attendrir la fonte

—

Si vous faites vous-même la modelure et le plâtre modèle de vos matrices pour le fondeur, indépendamment des dessus, qui ne doivent point être coupants, vous devez observer vos dépouilles, de façon que votre pièce sorte bien de la fonte et vienne bien à l'estampé. Vous veillerez aussi à ce que les dessous de vos matrices soient bien plats, bien d'aplomb ; et ne soyez pas trop économe en ne leur donnant pas une force suffisante pour résister soit au mouton, soit au balancier.

J'ai vu souvent des matrices qui, par défaut de force nécessaire, et pour avoir voulu économiser 2 ou 3 kilogrammes de fonte, étaient cassées net aux premières épreuves et coûtaient, à enchemiser d'une bande de fer (ce qui n'est pas toujours possible), ou à refaire, fonte et ciselure comprises, une dépense de quarante fois la valeur qu'on avait cru économiser. N'exagérez pas non plus la condition contraire ; si vous êtes embarrassé, consultez plutôt l'estampeur.

Quand vous recevez vos matrices de la fonte, examinez-les bien attentivement ; il y a quelquefois des défauts de fonte qu'il est impossible de réparer au travail (des manques surtout). N'oubliez pas que c'est le ciseleur qui hérite de toutes ces imperfections, et qu'il ne doit se charger que de ce qui est possible.

La fonte de fer se décape avec une eau seconde faite d'eau et d'acide chlorhydrique (esprit de sel). On met ordinairement parties égales de ces agents. Après avoir trempé une heure, on brosse bien avec un pinceau ou une brosse en chiendent, puis l'on rince et l'on sèche à la sciure.

A ce propos, il est nécessaire que je prévienne ici que les émanations de l'acide chlorhydrique font rouiller le fer et l'acier, et, dans l'intérêt de vos outils, je vous engage à dérocher dehors ou sous une cheminée tirant bien.

La fonte, une fois décapée, se travaille au grattoir, et on la blanchit bien pour enlever la petite croûte qui est dessus, tout en ménageant la forme, puis on dresse au rifloir. La fonte grise se plane *un peu* et se trace ; on peut y enfoncer des poinçons (avec précaution cependant). Mais il n'en est pas de même de la *fonte blanche*, qui est très cassante, n'a pas de malléabilité et a parfois la dureté de l'acier trempé.

On fait aussi à Paris, dans certaines maisons qui s'occupent de la fonte des matrices, un métal assez semblable à du métal de cloche, qui est dur et se travaille assez bien.

J'ai dit que la fonte grise se trace, se plane un peu, et qu'on peut y enfoncer des poinçons ; voici ce qu'il en est : Je suppose que dans une matrice vous ayez de petits *godrons ;* faites sur le bout d'un acier assez fort pour ne pas fouetter sous le marteau, et de la grandeur d'un ciselet ordinaire, plutôt plus court, il fouettera moins ; faites, dis-je, un godron relief de la grandeur de celui qui est dans la matrice, trempez-le et enfoncez-le au marteau dans tous les godrons en creux ; tenez, en l'enfonçant, l'outil bien d'aplomb. On fait quelquefois l'outil double, c'est-à-dire deux godrons, dont l'un *rengrène* dans le dernier frappé ; et, par ce moyen, l'outil se charge de régler l'entre-deux (entre eux deux). On fait ainsi les raies de cœur, les cordes, les écus comptés, les perles, etc. Cependant, les perles ainsi que les raisins se préparent au *drille* (voyez fig. 12), avec de petites fraises de la grosseur de la perle. On doit en avoir de plusieurs grosseurs et prendre bien soin qu'elles ne raient pas du bout ; puis, après la fraise passée et à l'aide du marteau, on y tourne un peu une *bouterolle* de grosseur (voyez fig. 13), et l'on a en creux une perle très ferme. La fraise qu'on emmanche au bout du drille a tout à fait la forme d'une bouterolle, sur le bout de laquelle on a taillé à la lime des dents absolument dans le sens des tranches d'oranges, seulement ces tranches sont à angles aigus pour pouvoir couper (Voyez fig. 14).

Il y a des fontes assez tendres pour prendre le mat. Sur les matrices, le plus souvent les fonds sont faits de pointillés ou de rayés au traçoir. Selon la qualité de votre fonte, ébauchez votre rayé à l'outil coupant, un bon burin, par exemple, et au marteau, puis passez le traçoir pour raffermir et un coup de rifloir doux en travers, pour faire tomber les petites bavures. Pour les pointillés, c'est une pointe d'acier *sauté*, ou quelquefois à *coups rangés*, frappés au marteau, mais également. La pointe ne doit pas être piquante, mais pointue grassement.

Il est très important de se faire des rifloirs de toutes les formes dont on a besoin.

On doit avoir des outils vigoureux, un peu ventrus de corps, qui fouettent moins sous le coup de marteau, et trempés ferme, mais pas secs, cependant, parce qu'à cette résistance sans moelleux de la fonte, l'outil casse net ; la fonte blanche surtout est le tombeau des outils ; j'ai vu d'excellents rifloirs naître, vivre et *mourir* (usés) en une heure. On sait que la trempe au mercure est plus dure que celle à l'eau ; elle est ici de circonstance pour ces rifloirs.

Pour connaître le relief, le détail où l'on en est quand on travaille, on prend des empreintes avec

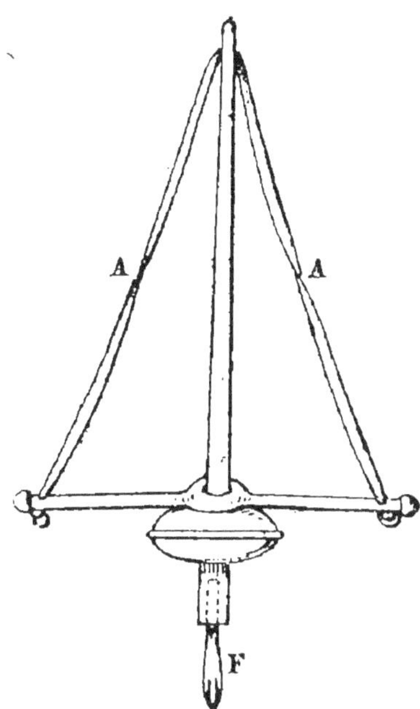

Fig. 12. Drille. Il sert à fraiser; dans bien des occasions, en y mettant un foret, il peut remplacer l'archet.

A corde; on se sert ordinairement de peau d'anguille.

F fraise ou foret.

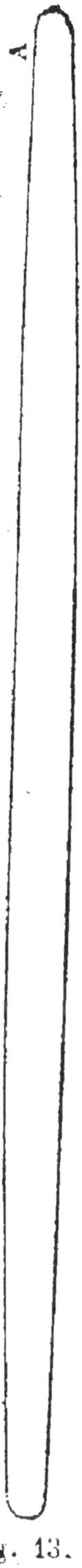

Fig. 13. Bouterolle.

A sur un acier. Ciselet de grosseur et de grandeur natu - relles; l'acier est carré.

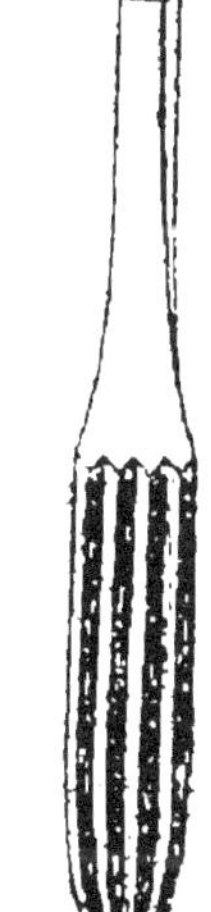

Fig. 14.

Fraise d'une grosseur ordinaire, que l'on met dans le drille à la façon dont on met une mèche dans un vilebrequin.

Fig. 13.

un morceau de cire qu'on a eu soin de mouiller d'un peu de salive pour qu'il n'attache pas ; puis, pour savoir où l'on en est pour le tout, pour la dépouille surtout, on graisse la matrice et on y coule un plâtre gâché ferme, en ayant eu soin d'y mettre, pour l'arracher facilement, une poignée, soit de fil métallique, soit de corde.

Si vous enlevez votre plâtre bien d'aplomb et qu'il en reste des brins par-ci, par-là, assurez-vous bien si ce n'est pas par un manque de dépouille, et, en ce cas, donnez-en. N'oubliez pas non plus que tous vos dessus qui, par l'inversion, se trouvent les fonds à l'estampé, doivent être gras, c'est-à-dire sans angles vifs, autrement, à l'estampé, tout viendrait coupé et à jour sur la plaque de métal.

La disposition du dessin, du modelé des matrices, est une affaire spéciale, dans laquelle on doit surtout tenir grand compte des conséquences ci-dessus, et l'on est souvent obligé, en modelure, de faire des concessions à la raison pratique de l'estampeur.

Réaumur s'est beaucoup occupé des moyens d'adoucir la fonte ; il a laissé des procédés qui consistent à la faire recuire jusqu'à la chaleur rouge au-dessous de son point de fusion avec la poussière de charbon, le graphite, l'argile ou la craie ; les cendres d'os et l'oxyde de fer produisent également cet effet, mais ces deux dernières substances sont préférables.

CHAPITRE XVIII

Des creux en cuivre et en fonte de fer pour la cristallerie

———

Les creux à mouler les soufflés des verreries et des cristalleries, tels que verres, salières, bénitiers, flacons, etc., sont des moules de deux ou trois morceaux, selon la forme de la pièce ; ces moules sont articulés à charnières, à goupilles, et permettent, en les ouvrant, de retirer de dedans les pièces de verre que l'on y a fait prendre empreinte.

Indépendamment de ce que je vais dire, je renvoie à l'article *des matrices de fonte de fer*, pour le travail qui est le même, avec cette difficulté de plus que les moules de verriers sont quelquefois profonds, et qu'en raison de cette profondeur, on doit bien surveiller les parties des joints, sans cela les défauts qu'ils pourraient présenter se reproduiraient sur les pièces.

Quoique ces sortes de moules soient ordinairement dirigés par des gens compétents, sachant ce qu'il leur faut, il n'est pas mauvais de savoir que les pièces doivent, ainsi que pour tout moule, être bien de dépouille.

Lorsqu'on est obligé de faire des finesses par place seulement, les moules ont quelquefois, quand ils sont en fonte, des pièces de cuivre à coulisse. Comme j'ai fait autrefois ce genre de travail, je dirai que c'est ainsi qu'on procède pour les étiquettes qui viennent en relief sur les flacons de pharmacie, de parfumeurs, etc. Les lettres en relief sont champ-levées en creux, et, bien entendu, en sens inverse. Autant que possible on évite de décontourner le coulisseau de cuivre, afin qu'il puisse bien reprendre sa place dans le creux, où il reste fixé une fois le moule établi. Les lettres doivent être de dépouille, et le travail général a besoin, ici surtout, d'être tenu un peu sec dans les angles des fonds, le moulage étant presque toujours un peu pâteux.

CHAPITRE XIX

Le livre du moine Théophile

Il y a quelques années, en pleine Renaissance de
l'art religieux du Moyen âge, alors que les vitraux,
l'orfèvrerie d'église, la ciselure et l'émail cher-
chaient dans la voie du passé à reconstruire l'œu-
vre des xiie et xiiie siècles, les savants et les biblio-
philes retrouvèrent un livre qui fit une vive sen-
sation ; ce livre contenait, disait-on, la science des
procédés perdus ; aussi la joie fut-elle grande.

Ecrit en latin par un moine italien ou allemand,
qui vivait du ixe au xive siècle (1), cet ouvrage a
été traduit par M. de l'Escalopier : pour mon
compte, je le remercie, et beaucoup, d'avoir mis le
livre du moine à la portée de ceux qui ne savent
pas le latin, et d'avoir recherché et rassemblé des
traités, dont les manuscrits sont dispersés, les uns
en Angleterre, en Allemagne et d'autres à Paris.

(1) Rien n'a permis de préciser l'époque de la vie et le pays
qu'habitait l'auteur.

En parlant de ce livre, j'ai pour but non de le critiquer, mais de dissuader de l'opinion où sont encore certaines personnes, qui croient que l'art du Moyen âge a, dans ce livre, été retrouvé de toutes pièces.

Le livre de ce bon moine traite de la peinture sur verre, des émaux, de la peinture à l'huile de lin, ce qui prouverait, ainsi qu'une note le fait observer, que Van-Eyck n'en serait pas l'inventeur ; puis de divers procédés de dorures, etc., de l'orfèvrerie et de la ciselure. Mais n'ayant à m'occuper ici que de ce qui a rapport à l'orfèvrerie et surtout à la ciselure, je dois dire, moi praticien, que le livre de Théophile, quant à la ciselure, ne contient rien de propre à nous éclairer (1). Il y est parlé de repoussé, de ciselure d'or et d'argent, de l'impression au marteau de certains poinçons, de la fabrication du ciment à repousser, etc. J'ai lu le livre très attentivement, et je crois pouvoir affirmer, en matière de ciselure et d'orfèvrerie, et tout en tenant un très grand compte de l'époque où le moine Théophile écrivait, que c'est un homme qui n'a jamais *mis la main à la pâte*. Il a, par amour des arts religieux, rassemblé sous forme de recettes une foule de prétendues solutions, dont plusieurs sont erronées et qui ont dû lui être communiquées

(1) J'ajoute même que dans ces derniers temps on n'a jamais été embarrassé pour ciseler le gothique : la difficulté pour les ciseleurs qui s'en sont occupés a été une question d'archéologie.

à la suite d'interrogations qu'il adressait aux artistes, mais sans être compétent pour distinguer le vrai d'avec les mystérieux mensonges dont s'enveloppaient la chimie et les arts du Moyen âge, qui, lorsqu'ils avaient une recette, un procédé, donnaient le change ; et lorsqu'ils n'en avaient pas, faisaient croire qu'ils en possédaient un, mais secret. Tel est entre autres le procédé relaté par le moine Théophile sur la manière de faire de l'or, que je transcris dans la traduction de M. de L'Escalopier, comme un curieux échantillon de cette marotte du Moyen âge, et à l'appui de ce que je viens de dire de la bonne foi du moine en matière de recette.

Extrait du livre de THÉOPHILE, *prêtre et moine*, schedula diversarum artium, *publié et traduit par M. le comte* Charles de l'ESCALOPIER. *Paris,* 1843. *Chapitre XLVII.*

DE L'OR ESPAGNOL

« Il y a aussi un or appelé espagnol, qui se compose de cuivre rouge, de poudre de basilic, de sang humain et de vinaigre. Les Gentils, dont l'habileté dans cet art est probable, se font des basilics de cette manière. Ils ont sous terre une chambre dont le haut, le bas et toutes les parties sont en pierres, avec deux petites fenêtres si étroites qu'à peine on voit quelque chose à travers. Ils y mettent deux vieux coqs de douze ou quinze ans et leur donnent suffisamment à manger. Ceux-ci, quand ils sont engraissés par la chaleur de leur embonpoint, s'accouplent et pondent des œufs. Alors on ôte les coqs, et l'on met, pour couver les œufs, des crapauds ; on leur donne du pain en nourriture. Les œufs couvés, il en sort des poulets mâles comme les poussins des poules, auxquels, au bout de sept jours, croissent des queues de serpents ; aussitôt, si la chambre n'avait pas un pavé en pierre, ils entreraient dans la terre. Pour prévenir cela, ceux qui les élèvent ont des vases d'airain ronds, de grande capacité, perforés de toutes parts, dont les orifices sont resserrés, ils y placent ces poulets, bouchent les ouvertures avec des couvercles en cuivre, les enfouissent sous la terre; et ils se nourrissent six mois de terre fine qui pénètrent par les trous. Après cela, ils découvrent et allument auprès un grand feu jusqu'à ce que les animaux soient dedans entièrement brûlés. Lorsque c'est refroidi, ils retirent et broient soigneusement, y ajoutant un tiers de sang d'un homme roux : ce sang desséché sera trituré. Ces deux choses réunies sont détrempées de vinaigre fort dans un vase propre. Ensuite on prend des lames très minces de cuivre rouge très pur, on y pose de chaque côté une couche de cette préparation et l'on met au feu. Quand elles ont chauffé, on retire, on éteint et on lave dans la même préparation ; on fait ainsi jusqu'à ce que la préparation ronge le cuivre de part en part, et prenne de là le poids et la couleur de l'or. Cet or est propre à tous les ouvrages. »

Je manquerais de loyauté d'examen, si je laissais supposer que le livre de Théophile est tout dans le genre de la citation que je viens de faire. Quand je dis que le livre ne contient rien de propre à éclairer la ciselure, j'entends qu'il est tellement distancé par les progrès qui ont eu lieu depuis, que ce qui est relaté ne peut servir qu'à l'histoire de ces progrès. Tel est entre autres cet outil nommé *organarium*, dont on a tant parlé et sur lequel on a écrit des choses qui ne sont pas exactes ; on a dit : « qu'il était un emporte-pièce », mais c'était autre chose ; c'était l'enfance de l'outil moderne à estamper, que nous nommons *mouton* (qui sert aussi à battre les pilotis). L'organarium servait à faire des perles de métal. Les parties supérieure et inférieure de l'outil étaient semblables à un moule à fondre des balles de pistolets ; il avait plusieurs trous (creux). « Les deux clous » étaient les coulisseaux du mouton moderne, la partie supérieure était ainsi maintenue sur l'inférieure qui était fixe. Seulement à cette époque les orfèvres ne s'étaient pas imaginé d'estamper par le poids d'un corps lourd tombant d'une certaine hauteur, ils frappaient au marteau sur la matrice supérieure. A l'heure où j'écris, on

6.

fait ces perles au tour, au laminé, etc., et on les fabrique si vivement, que pour meubles, celles en cuivre sont vendues au mètre comme du ruban de fil.

L'orfèvrerie et la ciselure ont été conservées et perfectionnées en France *par voie de tradition*; c'est la transmission de père en fils, celle surtout de la corporation des orfèvres de Paris, qui a existé sans interruption depuis St-Eloi jusqu'au 16 février 1791, où un décret de l'Assemblée constituante abolit les maîtrises et les jurandes. C'est à ces corporations, qui étaient des compagnonnages dans toutes les grandes villes du royaume, qui avaient, à Paris surtout, une organisation puissante, riche même, possédaient des privilèges, une maison de retraite, une église en propre, un hôpital, un trésorier, des syndics et des gardes des intérêts de la corporation, qui tenaient bibliothèque des dessins et des procédés; c'est à elles, dis-je, qu'on est redevable de la transmission et du perfectionnement de l'orfèvrerie. C'est dans ce qui nous reste encore de leurs œuvres que l'on peut juger comment les procédés se sont perfectionnés. Chacun apportait sa pierre, ce qui, avec le temps, constitua l'orfèvrerie française; les choses avaient même si bien marché en matière de procédés, que, lorsque Benvenuto Cellini vint en France, sous François Ier, il en apprit plus des orfèvres français qu'ils n'en apprirent de lui, entre autres choses le vaillant

outil nommé ressing, que les Florentins ne connaissaient pas, et dont le moine italien ou allemand ne dit pas un mot, et dont il n'aurait pas
manqué de parler s'il l'eût connu.

CHAPITRE XX

Des moyens employés au temps de Benvenuto Cellini, comparés à ceux d'aujourd'hui.

On a fait aux orfèvres de la Renaissance, aux Florentins surtout, en ce qui concerne le repoussé, une réputation de créateurs que je veux essayer de régulariser. Je dirai qu'en ciselure et en examinant les choses comme elles doivent l'être, la réputation des Florentins tient souvent bien plus aux noms illustres pour lesquels ils ont travaillé, qu'à ce qu'ils ont fait pour eux.

Des biographes n'entendant rien à la manœuvre des métaux nous ont fait un magnifique bouquet de noms et de mots qui font surgir aussitôt dans l'esprit des souvenirs historiques remplis d'éclat et de gloire. On a cité les noms des papes les plus illustres ; on a cité François I er, Charles-Quint, des ducs, des cardinaux, des duchesses, etc., etc., puis on a fait miroiter l'or, l'argent, le bronze, le diamant, le rubis, l'émeraude, le saphir, l'agate, les émaux, etc., etc., enfin, une pluie de feu d'artifice ;

il y a du vrai dans tout cela ; mais il y a bien plus de *frou frou*, qu'on me pardonne ce mot d'atelier.

Mais puisqu'aujourd'hui une circonstance imprévue me fait l'historien du travail de la ciselure, je dis tout d'abord, les papes, François Ier, etc., etc., ne sont pas en cause ; il n'entre pas dans mon esprit de juger d'un soldat à son plumet : en ciselure, comme en bravoure, la vaillance est dans l'action ; le reste est un assaisonnement de romancier. Voyons le travail et rien que le travail ; cherchons quelle était la force de leurs produits comparés à ceux de notre époque, et si leurs moyens étaient supérieurs aux nôtres : il nous semble que *tout est là*.

Personne de compétent, que je sache, n'ayant écrit sur la ciselure et sur les moyens d'action que Benvenuto Cellini employait, c'est à l'aide des mémoires et des traités laissés par le plus illustre des ciseleurs du xvie siècle, et qui relatent les moyens de ses contemporains et les siens propres, qu'il convient de juger d'abord cet art, et ensuite à l'aide des travaux qui nous restent d'eux. Ce sont donc ces travaux et ces moyens que je vais analyser.

MÉTHODE DE CARADOSSO

La méthode de Caradosso, le maître de Benvenuto Cellini, se résume en ceci : Lorsqu'il avait à faire un Christ en croix, il le modelait en cire soigneusement, puis recouvrait cette cire d'une espèce de boue préparée, posée au pinceau et qu'il laissait sécher, et sur laquelle il ajoutait à mesure des couches successives, puis du sable, le tout constituant un moule de fondeur (à cire perdue), à couler du cuivre : il avait soin de ménager, dans le bas de ce moule, des trous, de façon qu'en mettant le moule dans une espèce d'étuve et en l'exposant à une chaleur assez haute pour fondre le Christ en cire qui était resté dans le moule, cette cire fondue sortait par les trous ménagés, et venait tomber dans un bassin posé sous le tout. La cire une fois partie laissait un creux exact. On coulait du bronze dans le creux, et le Christ était naturellement en bronze ; il le réparait un peu dans les parties où il y avait nécessité, puis, après avoir calculé ce qu'il lui fallait de surface, il forgeait une plaque d'or assez grande pour laisser une marge tout autour ; alors, il appliquait cette plaque sur le Christ de bronze, et à l'aide de marteaux, de maillets, d'outils de fer et de bois, il faisait prendre à sa plaque la forme qui était dessous : il faisait recuire de temps en temps, et quand son or joignait bien, il s'agissait de sortir le bronze de dedans ; cela fait, il avait ce que nous nommons à présent un *coquillé*. Après avoir soigneusement repoussé partout où besoin était, soudé les *crevés* qu'il pouvait y avoir, il mettait en ciment gras et rejoignait cette marge excédante dans le dos, de façon à faire la réunion de sa matière dans les parties de derrière; il sortait le ciment, soudait et remettait en ciment par une ouverture ménagée, et cela fait, il travaillait au ciselet jusqu'à satisfaction; puis, le Christ anatomisé et terminé enfin, était de nouveau vidé du ciment qu'il contenait, nettoyé, puis l'ouverture, par où était entré et sorti le ciment, fermée à la soudure, et tout était terminé.

MÉTHODE DE BENVENUTO CELLINI

Abordons maintenant la méthode de Benvenuto Cellini. Celui-ci, plus fougueux que Caradosso, s'aperçut bien de certains côtés défectueux des moyens de son maître, et si dans ses Mémoires et ses Traités il s'abstient de les critiquer plus ouvertement, c'est, ainsi qu'il le déclare, parce qu'il lui est redevable de ce qu'il sait, et qu'il ne connaît rien de plus laid que l'ingratitude.

Mais il savait bien, l'illustre *rageur*, qu'en exposant sa méthode à côté de celle de Caradosso, les hommes compétents qui le liraient seraient obligés d'avouer qu'il faut plus de talent, et de hardiesse, surtout, pour faire comme Benvenuto Cellini que comme Caradosso. Ne perdons pas de vue cependant que le rendu est indépendant des moyens; du moins c'est mon opinion.

Benvenuto Cellini ayant à faire un Christ comme celui fait par Caradosso, modelait et terminait bien son modèle en cire, puis après avoir évalué à peu près ce qu'il lui fallait d'or, de surface, veux-je dire, il forgeait une plaque de grandeur suffisante qu'il avait soin, ainsi que Caradosso, de laisser un peu plus épaisse où il était besoin (1), afin qu'en emboutissant sa figure il puisse reprendre dans ce surplus d'épaisseur l'allongement dont il avait besoin. Il procédait alors, à l'aide de marteaux et sur plusieurs formes d'enclumes, à donner la grosse ébauche, qui consistait, ainsi qu'on le doit comprendre, à donner la masse de son Christ : il recuisait et recommençait en se servant aussi de maillets, d'outils de bois, et quand il sentait son métal se récrouir, il recuisait encore. Quand il avait bien amené ses masses, il s'occupait, tout en les amenant plus près de sa forme, à cerner les bords de sa figure, de façon que son Christ se présentât en manière de ronde-bosse plaquée sur l'excédent de la plaque qui se trouvait alors faire marge.

(1) Dans la traduction de M. Leclanché, qui est la meilleure, il y a : « Et la plaque d'or préparée comme nous l'avons indiqué plus haut, c'est-à-dire un peu plus épaisse sur les bords qu'au milieu. » Ce passage renvoie à ce que Benvenuto Cellini a dit pour Caradosso, et il y est dit tout le contraire ; voici ce passage : « Il (Caradosso) préparait ensuite une plaque d'or un peu plus épaisse au milieu que sur les bords, mais pas assez, cependant, pour qu'il ne pût facilement la plier à son gré. » Je reviendrai sur ce sujet en parlant du repoussé moderne.

Ciseleur.   7

Il recuisait encore, et quand il avait la certitude, comme nous disons à présent, qu'il *avait de quoi faire*, il serrait de plus près sa plaque sur les profils de sa figure, tout en ménageant bien les moyens de faire rejoindre son or dans le dos et derrière la tête, les jambes et les bras de sa figure, qu'alors il brasait au feu, ce qui lui faisait une vraie ronde-bosse.

Ainsi que Caradosso, il ciselait son Christ les jambes écartées, et quand il était près de terminer, il superposait une jambe sur l'autre, emplissait de ciment et terminait de la même manière que lui. Il est bien entendu qu'en tout ceci il copiait son Christ de cire.

Benvenuto Cellini ajoute que le temps que Caradosso passait à faire sa figure en bronze, il l'employait, lui, directement sur sa figure d'or, et allait plus vite, et de plus qu'il évitait ainsi, en allant au feu, les taches et les fumées du bronze restées après l'or et qui rendent ce dernier cassant (puisqu'il recuisait son or le Christ en bronze dedans).

ANALYSE DE LA MÉTHODE CARADOSSO

Analysons maintenant la méthode Caradosso. Je dirai d'abord que j'ai travaillé à une grande figure d'argent, haute de deux mètres, qui avait été com-

mencée sur la description des moyens de Caradosso : j'ai eu, depuis, souvent à faire des morceaux qui avaient été préparés de la même manière
par les orfèvres. Et, comme première remarque,
j'ai observé que ce moyen conduit à faire plus
lourd, tendance que le repoussé présente déjà trop
par lui-même; je m'en expliquerai plus loin. On
ne peut s'empêcher cependant de reconnaître que
l'artiste n'a plus à s'occuper, le compas en main,
de savoir s'il est dans les proportions de son modèle, celui-ci étant dessous, lui donne les proportions; mais un inconvénient (pour l'époque surtout) était cette fonte à cire perdue, où l'on jouait
son étude originale contre une réussite de fonte, et
si cette dernière, malgré toutes les précautions, ne
venait pas (chose qui arrive quelquefois), il fallait
recommencer, non seulement le modèle en cire,
mais le creux, la fonte, et trembler que ce contre-
temps n'arrive encore, ainsi qu'on peut s'en assurer auprès des hommes les plus compétents en matière de fonte.

Un des côtés non moins défectueux de la méthode, est l'estampage sur relief ; je vais dire pourquoi. S'il est difficile dans certains endroits où l'on
a besoin de faire saillir la matière, *il est bien plus
difficile*, dans les dessus, de la faire rentrer quand
on en a de trop, et cela est aisé à comprendre. Tous
ceux qui s'occupent du travail des métaux se
chargeraient bien d'allonger un fil de fer, par

exemple, mais je n'en connais pas qui voudraient se charger, pour le même prix, de le *tasser* par le bout pour doubler la grosseur aux dépens de la moitié de sa longueur. La raison du trop à *emboire* en repoussé est ici la même, et par la méthode Caradosso on n'y est que trop exposé. Du reste, je ne la commenterais pas, si l'on ne s'en servait encore, mais il est évident que vous restez sans ressource devant *ce surplus*, qu'il n'y a pas moyen de limer, couper sans un trou, et alors gare les soudures, qui doublent le métal par endroits et le rendent inflexible.

Il y a bien, à la vérité, certains endroits de draperies ou de formes quelconques où trop de matière se trouvant sur les bords d'un noir on pousse l'excédent dans le fond, sans que cela puisse nuire à la forme ; mais on ne peut pas opérer ainsi partout, et le plus souvent on ne fait que fatiguer son métal : ensuite, à moins de coquiller en deux pièces, il n'est pas facile de sortir la figure de bronze de ce vêtement d'or sans froisser celui-ci ; notez bien que je parle ronde-bosse, et que, si bon que soit le métal, il y a le chapitre des imprévus qui présente parfois beaucoup de difficultés excessives.

Somme toute, la méthode exige beaucoup de soin et une grande connaissance pratique du plus ou du moins.

Notez bien que les perfectionnements apportés dans les préparations, de la ciselure repoussée surtout, sont l'œuvre de plusieurs générations, et que personne n'a le droit d'amoindrir nos devanciers. Si nous voyons plus avant, il a fallu la réunion des forces réfléchies des hommes intelligents et habiles dans le travail des métaux, qui ont apporté leur pierre à l'édifice du progrès; qu'en somme, ce n'est qu'élevés sur trois siècles d'expérience, que nous voyons un peu plus loin que les régénérateurs de l'orfèvrerie de goût antique.

Je n'analyse pas la méthode de Benvenuto Cellini, elle s'analyse toute seule; je dirai seulement qu'elle n'est pas une invention, mais une route naturelle, et si naturelle, qu'il y a quantité de pièces où il serait impossible de procéder autrement. Si j'avais, par exemple, à faire ce même Christ rondebosse, plaqué sur la panse d'un vase à collet étroit, si étroit, parfois, qu'il est impossible d'y entrer non seulement la main, mais le pouce, il faudrait bien *marcher* à l'outil; qui voudrait se charger de faire entrer, par cet orifice, un Christ en bronze, les bras en croix, et de plus de le fixer à l'intérieur d'une façon assez solide pour qu'il pût servir d'enclume et donner la forme?

DE LA RESSING

Quand Benvenuto Cellini vint à Paris, on procédait déjà, depuis trois siècles, par l'attaque directe de la forme; l'orfèvrerie de Paris était déjà *ré-treinte*, ainsi que le prouvent suffisamment quantité de pièces faites par les orfèvres du XIIIe siècle.

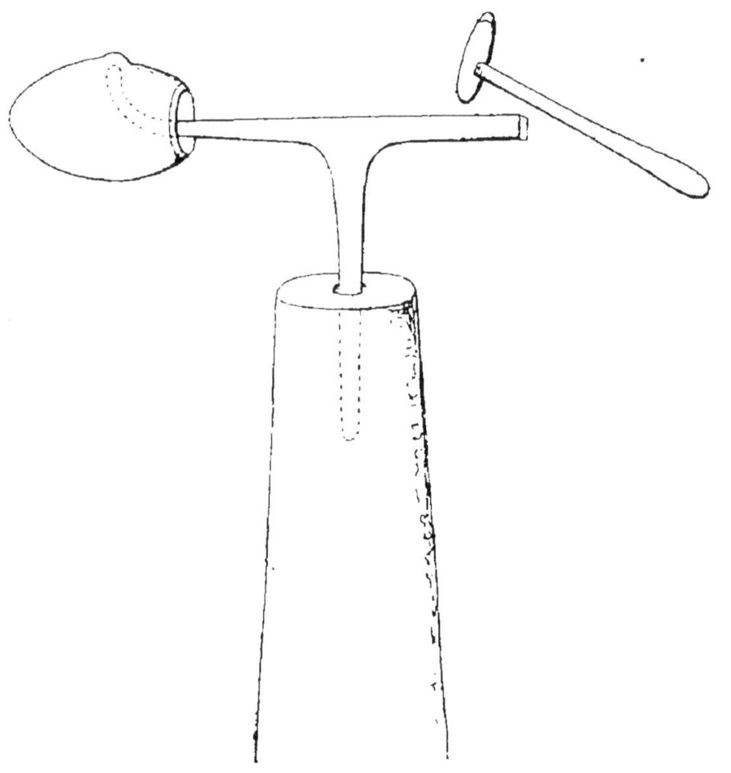

Fig. 15.

Ressing des orfèvres et ciseleurs au XVIe siècle; elle était posée dans un billot, et le trou du billot était assez large, car on comprend bien qu'elle ne fouettait pas comme la ressing moderne.

Ce qui constitua une invention, ce fut la *ressing* (fig. 15), dont on rencontre l'intervention dans l'or-fèvrerie française, non que je la revendique pour notre pays, car je ne sais d'où elle sort, mais je puis dire qu'elle résout un véritable problème, à savoir, de relever la forme dans les endroits où la main ne peut pénétrer. Benvenuto Cellini l'a connue, cependant, mais il ne se l'attribue pas, il dit, en en parlant, qu'il s'aidait aussi de *certaines petites bigornes dont se servent les orfèvres parisiens*. Si les orfèvres (qui, ici, veut aussi dire ciseleurs) parisiens se servaient de la ressing, ils attaquaient donc la forme directement, cela est certain.

En analysant les travaux, que l'on affirme être authentiques, des Florentins, il reste bien acquis pour moi qu'ils ne connaissaient pas la ressing. Leurs vases, ceux que j'ai vus et qui sont du xvie siècle, sont faits d'une façon qui le prouve suffisamment. Les corps de leurs vases sont établis en deux et trois morceaux, lesquels rentrent les uns dans les autres à l'aide d'un filet ou d'un *carré*, faisant moulure circulaire, mais n'étant en réalité qu'une *bâte* déguisée. Le collet est toujours d'un morceau à part, soudé *après ciselure de la panse*; lequel morceau est posé à peu près de la même manière qu'un couvercle sur sa soupière. Ces artistes se ménageaient ainsi la facilité de s'introduire dans la partie ciselée du vase, et encore faut-il dire qu'ils n'en tiraient pas tout le parti qu'on en pouvait tirer, puisque leurs bas-reliefs sont presque tous pris *de par-dessus*, en enfoncent les fonds, et que dans plus d'un endroit qui exigeait un haut-relief, tels que têtes de mascarons, trophées, etc., on trouve souvent une *applique*.

La conclusion de tout ceci, est que la supériorité de Benvenuto Cellini sur nos orfèvres n'était pas, en réalité, dans les moyens si délicats et si hardis de la préparation du repoussé, mais dans *un autre mode* du dessin de la forme Renaissance (le gothique avait fait son temps), à savoir qu'il tenait de l'école florentine, dont le sublime Michel-Ange devint le chef par l'influence qu'eurent l'ampleur et l'énergie de ses œuvres sur ses contemporains, entre autres Bandinelli, Rosso, Primatice, Benvenuto Cellini, etc.

L'arbre de l'orfèvrerie et de la sculpture existait en France. Les artistes italiens, que la munificence de François Ier attira à sa cour, en ont greffé une branche qui a produit de beaux fruits; mais l'arbre lui-même en produisait de beaux aussi plusieurs siècles avant que l'école de Fontainebleau ne fût au monde, seulement le goût était différent.

Voyez, au musée des Souverains du Louvre, la statuette de la Vierge, donnée par la reine Jeanne d'Evreux, à l'abbaye de Saint-Denis. Ce travail, du XIVe siècle, en dit plus qu'un commentaire écrit sur l'état des procédés à cette époque.

CHAPITRE XXI

Repoussés modernes. — Figures ronde-bosse. — Moyens comparés à ceux du temps de Benvenuto Cellini.

—

On repousse de plusieurs manières. La nature de la pièce, ronde-bosse, bas-relief, haut-relief, ouverte ou fermée, détermine la route à suivre. J'ai quelquefois entendu dire : « Bah ! tout chemin mène à Rome ». Défiez-vous de ce genre de proverbe sophistique ; en ciselure, il est bien difficile de faire un A avec un Z, voire même avec un B ; il faut prendre un parti, le bien réfléchir, ou l'on ne peut plus répondre des imprévus.

Pour repousser une figure ronde-bosse, il n'y a qu'une voie, le coquillé. J'ai eu en main du repoussé de la vieille Egypte, des Grecs anciens, du Moyen âge, de la Renaissance et des modernes : tout est coquillé. J'ajouterai même qu'il est impossible de faire autrement. On fait bien quelquefois une sorte de tour de force pour de petites figurines d'une *certaine disposition*, mais ces sortes de tours de force ne peuvent pas s'exécuter sur toutes formes données, ni sur une figure d'un mètre de haut, et encore moins sur de plus grandes.

Nous, modernes, nous coquillons aussi, mais les hommes éminents de la ciselure coquillent d'une façon plus perfectionnée que nos prédécesseurs.

Je puis affirmer que la vieille Egypte connaissait, quoique grossièrement, l'estampage des métaux, et j'ai des raisons de croire que dans l'antiquité les Grecs l'ont connu aussi. Le Moyen âge estampa d'une façon un peu naïve; la Renaissance a développé ce moyen, et enfin les modernes l'ont perfectionné. Les uns ont estampé sur relief, comme Caradosso, d'autres ont estampé dans des creux, *mais des creux de dépouilles*. Le Jupiter, haut de quatre brasses, de Benvenuto Cellini, fut estampé et préparé par ce dernier moyen. Le torse, moulé en plâtre sur le modèle, a été fait de deux pièces, une partie pour le devant, une partie pour le dos; les bras et les jambes le furent également en deux morceaux; puis ces plâtres (étant des creux) furent coulés en bronze, et les plaques d'argent, battues dans chaque creux, furent soudées sur les profils l'une à l'autre, le devant du torse avec le dos, et de même pour les jambes et les bras. Après soudure, chaque membre, ainsi que le torse et la tête, furent mis en ciment et ciselés séparément, en copiant la modelure; puis, cela fait, les membres, le torse et la

tête furent réunis ensemble au moyen de la soudure. Seulement, dans la préparation, Benvenuto
Cellini dit que dans son creux en plâtre, lorsqu'un
endroit n'était pas de dépouille, il le garnissait de
cire (pour lui en donner), afin que tout sortit bien
en estampant ses plaques. Cette méthode était la
plus rapprochée de la perfection, mais elle avait
un inconvénient grave, c'est qu'elle forçait la modelure des figures à présenter une disposition de
dépouille comme les petites figures antiques en
terre cuite ; sans cela, comment arracher la plaque
d'argent ou la faire rentrer dans le creux de cuivre
où on l'estampait au marteau, au maillet, etc. Il
n'était pas possible de faire toutes les formes, de
rendre tous les mouvements, et il y avait un arrêt,
l'inexorable dépouille.

Cette difficulté est vaincue aujourd'hui, la dépouille ne nous arrête pas, et voici comment procède l'art moderne :

Supposons qu'on ait à faire en repoussé une
figure d'un mouvement *quelconque*, on la modèle
soit en cire, soit en terre, si la figure est grande ;
je dirai cependant que si la figure ne dépasse pas
80 centimètres, je préfère la bonne cire à modeler
à la terre, par la raison que cette dernière fendille
souvent, en été surtout, et qu'en séchant, elle a
beaucoup de retrait (environ un huitième).

La figure étant modelée, on la moule en plâtre, on
répare soigneusement la figure de plâtre obtenue de

ce moulage, laquelle constitue un modèle solide, ne bougeant plus, et sur lequel on peut, sans crainte, mouler, prendre des mesures, et, en dernier lieu, s'en servir, en la copiant, pour terminer le ciselé et la monture.

Sur cette figure, nous prenons des creux en plâtre en pièces réunies dans une *chape*, comme il est dit pour les creux en cuivre à couler du zinc.

Pour un torse, on fait une partie pour le dos et une partie pour le devant; mais s'il y avait, je suppose, des draperies très fouillées et non en dépouille, on battrait des pièces comme pour un bon creux en plâtre à couler des statues. Chaque pièce, posée l'une à côté de l'autre, reçoit, selon sa grandeur, un, deux, trois ou quatre coups d'outil sur le dos; ce coup d'outil est ce qu'on nomme un *repère*, qui doit avoir à peu près le creux d'une demi-coquille de noisette; puis, sur l'ensemble du dos de ces pièces, composant la face de la poitrine, par exemple, on coule un plâtre. Une *chape* enveloppant le tout, laquelle chape, sorte de cuvette, a pris en relief, en moulant, l'empreinte des coups (repère) sur le dos des pièces et dont je viens de parler, ce qui permet de les réunir exactement à leurs places respectives, et cela sans hésitation.

Cela fait, on fond en cuivre ce moule de plâtre, on le répare un peu si besoin est. S'il est bien venu, on le passe simplement au papier émeri, pour enlever le *grenu*, et si le grenu de fonte était un peu gros, on y passerait le rifloir.

Je suppose le moule très compliqué, et n'étant pas de dépouille : on mettra à chaque pièce du moule un ou deux bouts de filet (vis) ; cette vis doit traverser la chape et la dépasser assez pour qu'à l'aide de petits écrous on puisse serrer la pièce en dessous. De cette façon, toutes les pièces sont solides, et quand on veut recuire, ainsi qu'il sera dit plus loin, on défait les écrous des pièces et on enlève ces dernières exactement comme on démoule une statuette coulée en plâtre, en enlevant les pièces une à une.

Le creux étant établi ainsi qu'il vient d'être dit, j'y bâtis, par précaution, à la main, une feuille de plomb mince, ou à défaut, de cette sorte de papier d'étain dont on enveloppe le chocolat. Cette feuille, retirée du creux et retendue à plat, me donne la grandeur et la forme de la plaque dont j'ai besoin ; ce qui est parfois assez difficile à estimer, vu la multiplicité des plis, etc. Disons de suite que pour la plaque il vaut toujours mieux avoir plus en grandeur que de s'exposer à n'avoir pas assez.

Sur tout le tour du creux, et sur son épaisseur, on pose, de distance en distance, des petites vis à têtes assez larges et se vissant facilement. Cela fait, à l'aide du maillet, on donne quelques coups à la plaque approchant la grosse forme, puis on la fixe

sur le creux en y faisant de petits trous correspondant aux petites vis du bord, dont je viens de parler, lesquelles vis servent à fixer la plaque sur le
creux ; mais, pour commencer, on ne fixe pas la
plaque sur tout le tour du creux, on ne la fixe que
d'un côté ; puis on commence à battre du côté fixé.
Un des points importants, c'est de ne pas fatiguer
le métal, et, pour cela, je recommande les outils
de bois durs qui, étant plus tendres que la matière,
sont impuissants à récrouir autant que les marteaux, les ciselets d'acier. Les anciens avaient déjà
parfaitement compris cela.

Dans certains endroits qui exigent des soins, il
faut y aller tout *doucettement*.

Comme le creux se trouve couvert par la plaque
de métal, il n'est pas mauvais d'avoir à côté de soi
celui en plâtre qui a servi pour mouler celui de
cuivre; de cette façon, on voit toujours *où l'on en
est*. Je répète qu'il vaut toujours mieux commencer par un bord (celui du côté vissé), et marcher
ainsi à mesure que la matière épouse la forme du
creux, un peu plus près du milieu en s'approchant
petit à petit ; après quoi on remonte le côté opposé
jusqu'au bord non vissé du creux, et tout cela pro-
gressivement et en recuisant quand le métal se
récrouit.

La plaque, bien *amenée* partout, doit être alors
fixée sur tout le tour du creux au moyen des
petites vis, et être battue soigneusement partout;

on se sert aussi du ciselet gras et du marteau. Quand le métal adhère, il est bien facile de le reconnaître, *il porte*, c'est-à-dire que le creux fait enclume dessous, qu'il a communiqué sa forme et qu'il n'en saurait faire davantage. On doit toujours, pour ces sortes d'ouvrages, avoir de bon métal bien doux, parce qu'il se récrouit moins que les métaux trop alliés ; j'indiquerai plus loin la manière exacte de les reconnaître, et je n'entre pas pour le moment dans plus de détails.

Si la chaleur rouge, ou rose même, amène la dilatation des molécules que le travail a écrasées (récroui) ; si le chauffé au rouge redonne la malléabilité, la ductilité, pourquoi, dans les occasions qui en exigent beaucoup, n'agirait-on pas à rouge comme le forgeron ? Car, ciseler, c'est forger, et il me semble qu'on l'ignore ou plutôt qu'on l'oublie trop.

Quand on veut prendre la disposition d'un creux, si la figure que l'on fait est drapée, on doit, autant que possible, prendre le plus de surface qu'on peut. Si la figure est mi-drapée et nue, on doit réfléchir si l'*assemblage* des parties à rejoindre, quand tout est ciselé, n'est pas plus favorable entre la draperie et le nu. Les membres et la tête se font comme il vient d'être dit, et autant que possible de deux morceaux soudés ensemble. Pour la tête, selon sa disposition, les oreilles sont laissées à la partie antérieure (le masque) ; quelquefois on les fait venir avec la partie postérieure (le derrière de la tête), et la disposition, je le répète, peut seule déterminer la préférence. Le cou doit toujours venir avec la tête. Tous les morceaux, une fois soudés ensemble, c'est-à-dire les parties antérieures avec celles postérieures, constituant soit le torse, soit la tête, les bras ou les jambes, doivent, après soudure et dérochage, être remplis de ciment et ciselés chacun séparément, c'est beaucoup plus commode pour travailler. Vos pièces une fois mises en ciment, c'est alors que commence la ciselure au ciselet, c'est, comme on dit, *le moment de retrousser ses manches*. Si vous avez du savoir, du sentiment, de l'acquit, on le verra bien. Je suppose ici que je ne parle pas à un novice en fait de ciselure, sans cela il faudrait entrer dans une foule de détails impuissants même pour tout dire. C'est la pratique seule qui révèle tout. Il vous reste ce qui ne restait pas à Caradosso, un modèle. Que la modelure originale, la figure de plâtre soit de vous ou d'un sculpteur, copiez-la, c'est un bon guide ; tâchez, autant que possible, d'en reproduire les qualités et les perfections d'étude ; et si vous avez une originalité dans la façon de rendre la ciselure, vous devez, en raison du sujet, apprécier jusqu'à quel point vous pouvez, vous devez aller.

Par le moyen du moule brisé que je viens d'indiquer, on peut repousser tous les mouvements de la statuaire ; et j'ajoute que les préparations *en*

creux, des repoussés, sont supérieures aux préparations coquillées sur relief.

Dans tous les coquillés, il est toujours extrêmement important de bien *repérer* les pièces destinées à être rejointes ensemble, afin qu'en les
soudant, elles n'augmentent ni ne diminuent la
grosseur, soit d'un bras, soit d'une jambe, etc. On
nomme *repères* des marques fixes qu'ici l'on fait
sur les bords des pièces destinées à être réunies ;
lesquelles marques servent à diriger d'une façon
exacte, pour l'assemblage de ces mêmes pièces
entre elles, lorsqu'on les assemble en les soudant.
On repère ordinairement avec quelques coups de
pointe donnés au marteau sur les plaques, ou
mieux encore sur le creux.

Dans les choses un peu au-dessous de moyenne
grandeur, on fait ordinairement les mains en
fondu ; c'est plus prompt, surtout quand les
doigts sont détachés les uns des autres ; mais
lorsqu'on tient absolument aux tours de force, on
coquille les mains de la même manière que tout le
reste.

Quant aux moyens de faire tenir en travaillant,
sauf l'étau qui aplatirait en serrant, je renvoie aux
articles blot, boulet, corde, moyens de faire porter, etc.; c'est à vous, selon ce que vous faites, à
choisir le plus favorable, puis tous ceux que vous
pourrez ingénier ; car, pour être ciseleur, il faut
être adroit, patient, hardi, réfléchi, savant dans la

forme, avoir assez de jugement, toutes les fois qu'on trouve un moyen supérieur aux règles, pour sauter bravement à pieds joints par-dessus celles-ci, sans scrupule des devanciers. Le progrès en toutes choses ne procède pas autrement.

CHAPITRE XXII

Préparation des hauts et bas-reliefs sur surface plane et sur surface circulaire, ouverte et fermée.

—

Les rondes-bosses plaquées et les bas-reliefs se dessinent et peuvent se repousser directement à l'outil, par derrière, quand la pièce n'est pas fermée (Voyez *repoussé d'église*).

Les bas-reliefs et rondes-bosses plaquées sur fond plat, je veux dire droit, peuvent aussi se repousser dans des creux simples à dépouille, et dans des creux brisés, comme ceux à préparer les statues rondes-bosses. Mais s'il fallait produire un relief quelconque sur une pièce fermée, la panse d'un vase, par exemple, on dessinerait son sujet sur le vase et on relèverait à la ressing (Voyez *repoussé d'église, ressing*).

Quand on fait quelque chose hors ligne, il est d'habitude d'avoir la modelure de ce que l'on veut repousser, afin de ne pas tâtonner sur le métal, soit la disposition, soit l'effet, le tout en un mot composant le sujet à repousser.

Tout bas ou haut-relief repoussé à l'outil, à la main, sans creux ou sans la ressing, se repousse sur du ciment (Voyez *des ciments à repousser*).

L'un des moyens consiste à prendre un creux en plâtre sur la modelure, et à copier sur le derrière de la pièce ce creux, sur la plaque de métal ; on s'aide pour cela d'une sorte de compas de profondeur, qui n'est autre chose qu'une vis traversant perpendiculairement un morceau de bois peu long, lequel bois se pose horizontalement sur le creux ; puis l'on tourne la vis en la montant, l'abaissant pour mesurer jusqu'à ce qu'elle touche les profondeurs que vous voulez mesurer, et l'on frappe sur la plaque, à l'outil, jusqu'à ce qu'on soit exactement à la même profondeur ; à la rigueur, on doit cependant tenir un certain compte de l'épaisseur du métal. On fait du reste facilement ces sortes de compas ; afin d'en avoir plusieurs, je les faisais, moi, avec des cartes à jouer dans lesquelles je donnais, au milieu et dans le sens de la longueur, trois ou quatre coups de canif. longs de 3 ou 4 centimètres ; puis je passais un autre morceau de carte de la largeur d'un centimètre, que j'appointais du bout, entre les coups dont je viens de parler, de façon à faire un entrelas (voyez fig. 16) : je préfère de beaucoup les compas en carte, pour la raison qu'on les modifie à volonté et qu'ils sont de

suite faits. Quand le métal se récrouit, on le recuit ;
pour cela, il faut sortir de ciment. Et quand on a
ses hauteurs (qui, ici, sont des creux) et son dessin
exactement relevés, si la pièce vient d'être travail-

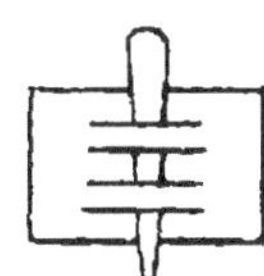

Fig. 16.   Compas de profondeur en carte à jouer,
en fer-blanc, en cuivre.

lée, on la recuit encore, on la décape, et on la met
cette fois en ciment, mais le ciment derrière, c'est-
à-dire dans le creux que l'on a repoussé. On copie
alors sa modelure, tout en ménageant bien sa matière. Dans tout ceci on repousse au ciselet avec
le marteau : on doit avoir soin de ne se servir que
d'outils gras de forme, sans angles vifs, ne coupant
pas la matière, sans cela on s'exposerait à avoir des
crevés (des trous), et les soudures qu'on est obligé
de faire pour fermer ceux-ci renforcissent l'épaisseur de la plaque en cet endroit, et rendent la résistance inégale, chose qu'on doit avoir bien soin
d'éviter. A ce propos, je dirai que les anciens se
forgeaient des plaques d'une légère inégalité d'é-
paisseur, ce qui était certainement une ressource
pour les endroits, où, ayant besoin de plus de matière, cet excédent la fournissait par son allongement.

Les métaux modernes ne sont certainement pas différents des anciens, mais la différence de les traiter doit compter pour beaucoup. Si le laminoir a apporté un grand progrès dans l'art de réduire en feuilles les métaux, l'or, l'argent, la tôle de fer, etc., on ne peut s'empêcher, quand on a travaillé intimement les métaux, de reconnaître que celui qui est martelé est supérieur à celui qui est laminé. Dans le laminé, les molécules sont écrasées entre deux puissants cylindres, et cette pression donne quelque chose, qu'on me pardonne le mot, de filandreux au métal ; son grain, si je puis dire ainsi, pressé toujours dans le même sens, acquiert une différence légère à la vérité, mais réelle dans ses propriétés, suivant la longueur, sens dans lequel il a été tiré, et celles suivant sa largeur ; c'est sur la tôle surtout que j'ai constaté ce que je dis, le traçoir éprouve une résistance sur le travers d'une plaque qu'il n'a pas dans le sens où elle a été laminée.

Je n'ai pas bien pu me rendre compte de ce que dit Benvenuto Cellini, qui annonce qu'il préparait ses plaques plus épaisses au milieu que sur les bords, parce que un peu plus loin il y a contradiction. Pour mon compte, je crois qu'il ne saurait y avoir d'autres règles que celles données par la nature de la pièce à repousser. Si l'on se forgeait des plaques, il y a certaines formes à reproduire où il faudrait que la plaque fût plus épaisse au milieu ;

d'autres sur les bords, puis d'autres encore dans un endroit que la vue de la pièce peut seule faire prévoir et indiquer. En tout ceci, ce qu'il y a de certain, c'est que les *crevés*, lorsqu'ils ne sont pas produits par maladresse, ne sont pas autre chose le plus souvent qu'une insuffisance de la matière, à laquelle on a trop fait fournir. Regardez un morceau de caoutchouc, il ne peut s'allonger sans s'amincir ; le métal est de même, seulement ce dernier s'amincit quelquefois jusqu'à laisser passer le jour.

CHAPITRE XXIII

**Ciselure d'orfèvrerie, d'église et de table.
— Repoussé et tracé. — Du travail à la
corde. — De la ressing. — Dessin des
plateaux de table. — Abréviation. — Du
fondu.**

REPOUSSÉ D'ÉGLISE

Le repoussé ordinaire d'église est une spécialité
dans la ciselure. C'est une partie qui tient par plus
d'un côté au genre clinquant. Sur les calices, ciboires, burettes, presque toujours le dessin du travail est divisé en trois parties, qui sont les sym-
boles de la Trinité, le Père, le Fils et le Saint-Es-
prit. Les ostensoirs (Saint-Sacrement) doivent avoir
un caractère unique, mais on a toute liberté dans
la construction du dessin. Les plateaux ovales des
burettes sont ordinairement divisés en quatre parties, les deux mêmes dessins par bout, puis deux
dessins semblables pour les deux grands côtés de
l'ovale; l'on ne cisèle pas le fond du plateau (pour

église), on ne cisèle que ses bords. Comme les burettes sont destinées l'une au vin, l'autre à l'eau, l'ornement du plateau et des burettes se fait de roseaux, de leurs feuilles, de feuilles de vigne, de raisins, le tout entrelacé, ou quelquefois par panneaux séparés, soit de vigne ou raisin, soit de roseaux.

Le dessin des calices est divisé en trois sur le pied, le nœud et la fausse coupe. Le travail du ciboire est divisé, comme celui du calice, en trois parties circulaires. Il y a cependant une différence, c'est que le calice doit toujours avoir une croix sur le pied. Dans les travaux *courants* (bon marché), ces trois parties portent ordinairement, l'une le blé (le pain), l'autre la vigne (le sang de Jésus-Christ), l'autre le roseau (l'eau du baptême). Les petites boîtes à hostie ne se repoussent pas, on en fabrique cependant qui ont des dessins faits au traçoir, et dont certaines parties sont brunies, matées ou pointillées. Pour faire tenir les pièces en les travaillant, on emploie trois moyens : le boulet, le blot et la corde. Je renvoie à l'article *boulet* et *blot*, pour ce que je compte dire sur ce sujet ; j'ajouterai seulement ici que les pieds des calices, des ciboires, des ostensoirs, les tiges d'ostensoirs et quelques autres morceaux, se collent sur le boulet, et qu'il est de beaucoup plus commode de les ciseler ainsi. Les nuages d'ostensoirs, les plateaux de burettes, et généralement les pièces plates à grandes surfaces, se cisèlent sur le blot ; il arrive souvent, lorsqu'on le trouve plus commode, de coller le blot sur un boulet ; par ce moyen, ainsi qu'il est dit à l'article blot, on a surface et facilité pour tourner en tous sens.

DU TRAVAIL A LA CORDE

On travaille à la corde des pièces que, vu leur peu d'épaisseur, il serait impossible de serrer dans un étau sans les aplatir, et que d'un autre côté, par leur nature circulaire, il faudrait mettre et retourner trois fois en ciment pour faire le tour ; tels sont les burettes, les nœuds, les fausses coupes de calices, etc. D'ailleurs, c'est surtout un moyen pour aller plus vite. Supposez le corps d'une burette divisé en trois parties égales, d'ornements encadrant, soit le roseau, etc. Dès que vous tenez le traçoir pour la première partie, vous tracez la seconde, puis la troisième, et vous n'avez qu'à retourner ; avez-vous trois grosses perles, une de chaque côté, vous les menez *en fabrique*, comme on dit, une, deux et trois ; de même pour tout le reste, sauf les choses qui sont différentes, comme le blé, la vigne, le roseau, où l'on s'arrête par panneau.

Quoique le travail à la corde soit très simple, il a cependant besoin d'être décrit pour le bien faire comprendre.

Sur le boulet vous faites, dans le ciment, l'empreinte de la pièce que vous avez à ciseler, en ayant soin de tremper votre pièce dans l'eau afin que le ciment n'adhère pas après.

Ainsi fait, et afin de conserver intacte votre empreinte, vous mettez votre boulet dans l'eau jusqu'au moment ou le ciment est redevenu corps dur. Après avoir retiré votre boulet de l'eau et l'avoir soigneusement essuyé, de manière que l'eau ne vous saute pas à la figure, vous placez dans cette empreinte un morceau de toile qui, interposé entre le ciment et votre pièce à ciseler, empêche de salir et rayer cette dernière.

A la place du ciseleur, l'établi doit présenter deux trous de la grosseur du petit doigt et distants du bord de l'établi d'environ 10 centimètres, les deux trous étant distants l'un de l'autre de 25 centimètres environ. Vous passez la corde dans ces deux trous et, lorsque vous serez assis, afin qu'elle ne soit ni trop longue ni trop courte, vous en réglerez la longueur en faisant, avec les deux extrémités de la corde, un nœud marin (comme il est décrit dans la figure 17).

Cela fait, posez sur l'établi et sous la corde le boulet sur lequel est l'empreinte. Puis, posant le ou les pieds sur cette corde, vous faites tirage et serrez modérément. Voulez-vous retourner la pièce? levez le pied pour lâcher la corde, retournez tout en la maintenant le mieux possible sous la corde, puis appuyez du pied quand vous voulez travailler.

Quoique le moyen soit suffisant par lui-même, je dois cependant dire que le travail collé sur un boulet est de beaucoup plus solide que celui à la

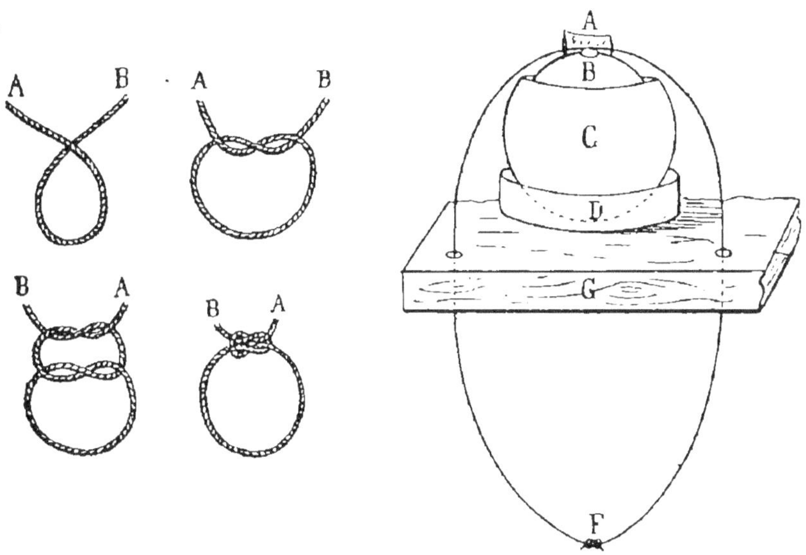

Fig. 17. Manière de faire l'attache de la corde.

A pièce d'orfèvrerie.
B ciment.
C boulet.
D panonier.
G établi.
F nœud marin.
AB BA manière de faire le nœud.

corde, qui, si l'on n'a pas une grande habitude, est parfois assez impatientant; il convient ici, où le plus important est presque toujours d'aller vite, *de détaler*, comme on dit dans les ateliers. On gagne ainsi le temps de deux ou trois mises en ciment et les nettoyages, de plus on peut mieux comparer les parties entre elles, puisqu'on a la facilité pour le faire en les retournant à la main ; mais pour un travail sérieux, la pièce ne saurait jamais trop bien tenir, et il faut coller.

Le travail de ciselure d'église se divise, se dessine, se repousse à l'outil, au marteau, à la ressing, se recuit, est mis en ciment, se trace, s'ébauche, se matit et se plane (les unis). Quelques ciseleurs ne planent les unis, plates-bandes, cuirs, etc., qu'à la fin pour que, ce travail étant le dernier, rien ne puisse le changer en lui communiquant des ondulations. D'autres, sans se gêner et assez sûrs d'eux-mêmes, planent les unis après l'ébauche toute faite. Les unis doivent être planés fermement, autrement ils sont très laids, lorsqu'ils sont brunis. Généralement ce genre de travail est à effet clinquant, on s'y sert de mats vifs, les frisoirs à faire les fonds sont vifs aussi, et les fonds sont souvent sautés à la pointe fine, pour avoir encore plus de vigueur. Cependant, quand on n'est pas trop influencé par les orfèvres d'église, qui presque tous brillent par le mauvais goût, on doit calculer les effets des mats pour les faire jouer les uns par les autres, et produire des effets d'opposition de nuances. On doit aussi tenir bien compte des masses de parties brunies et à ce qu'elles n'écrasent pas par une somme hors d'harmonie, les parties mates, et réciproquement, que le maté n'*étouffe* pas non plus les brunis.

Il y a aussi des pièces qui sont préparées à l'estampage au mouton, et sur lesquelles on ne fait que revenir au traçoir, au mat et aux planoirs unis.

Le travail d'église a trois manières d'être, on les nomme le *relevé*, le *mi-relevé*, le *tracé maté*.

Le relevé est le plus riche, le plus ouvragé, son ornementation est haut-relief, et le travail y est ordinairement plus soigné que celui des deux autres manières. Il se repousse à l'outil dans les endroits ouverts, et à la ressing dans les endroits où la main ne peut aller. Les pieds des calices, des ciboires, les endroits peu profonds des pieds d'ostensoirs, les fausses coupes de ciboire, etc., se repoussent en dedans à l'outil, avec le marteau, toutes les fois que la main peut y tenir l'outil et le marteau frapper d'aplomb sur ce dernier ; pour cela faire, on dessine sur la pièce, puis dans les endroits à relever, on saute par-dessus un petit ciselet gras et mince du bout sur le dessin, et on est quelquefois obligé de mettre en ciment pour cela : ce petit coup d'outil très léger paraît en dedans et vous montre les endroits où vous avez à agir. Si vous avez été obligé de mettre votre pièce en ciment pour cela (ce n'est pas toujours nécessaire), retirez-la, nettoyez l'intérieur, et avec un ciselet gras de forme, pour ne pas couper la matière, repoussez avec le marteau les endroits que vous voulez relever. On doit pour cela appuyer la pièce à l'endroit où l'on repousse, sur un morceau de ciment assez gras que l'on nomme *galette*, qui, chauffé un peu, épouse la forme de la pièce et fait ainsi l'office de matrice en permanence, recevant toutes les formes que vous lui donnez, je veux dire que le travail lui communique. Avec un peu de salive, on mouille légèrement la pièce avant de l'appliquer sur le ciment pour faciliter sa séparation d'avec celui-ci, lorsqu'on veut voir ce que l'on a produit ; puis, si on a trois parties égales en formes, en valeur, on les repousse en dedans. Si vous avez tracé légèrement à l'outil, ainsi qu'il vient d'être dit, vous voyez bien vos endroits, faites de même pour le tout ; vos masses étant repoussées, et lorsqu'il s'est agi d'obtenir un haut-relief, le métal a été fatigué et récroui, faites recuire rose tendre, et quand ce sera froid, vous mettrez en ciment, c'est-à-dire que vous remplirez la pièce de ciment gras à repousser, et que celui-ci étant froid, vous collerez la pièce sur le boulet, et c'est alors que l'on commence à l'ébaucher ; je dirai tout à l'heure en quoi cela consiste, revenons au repoussé, à celui obtenu par la ressing.

DE LA RESSING

La ressing est un outil (voyez fig. 18 et 19) pour repousser les endroits où la main ne peut pénétrer.

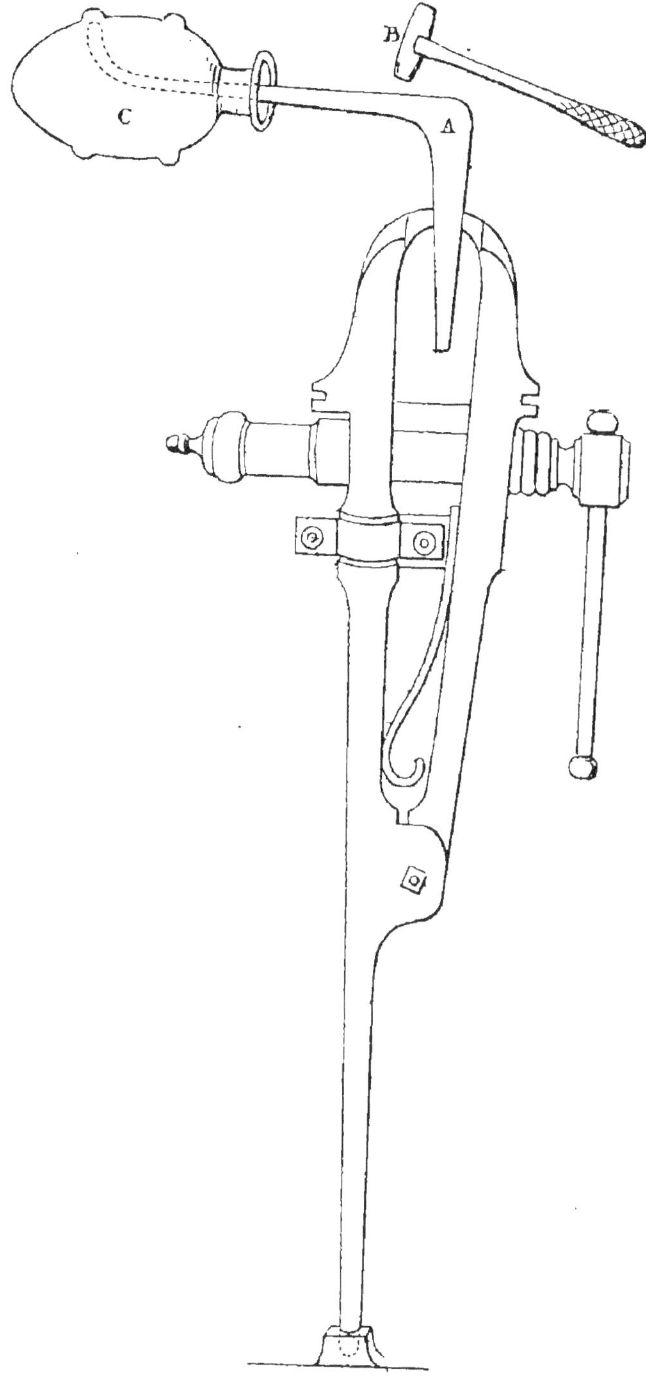

Fig. 18.

A ressing moderne mise à l'étau.
B le marteau indique l'endroit où l'on doit frapper.
C pieu à repousser.

Supposez une burette, par exemple, à goulot étroit, un vase dans lequel on ne peut entrer ni la main. ni le marteau.

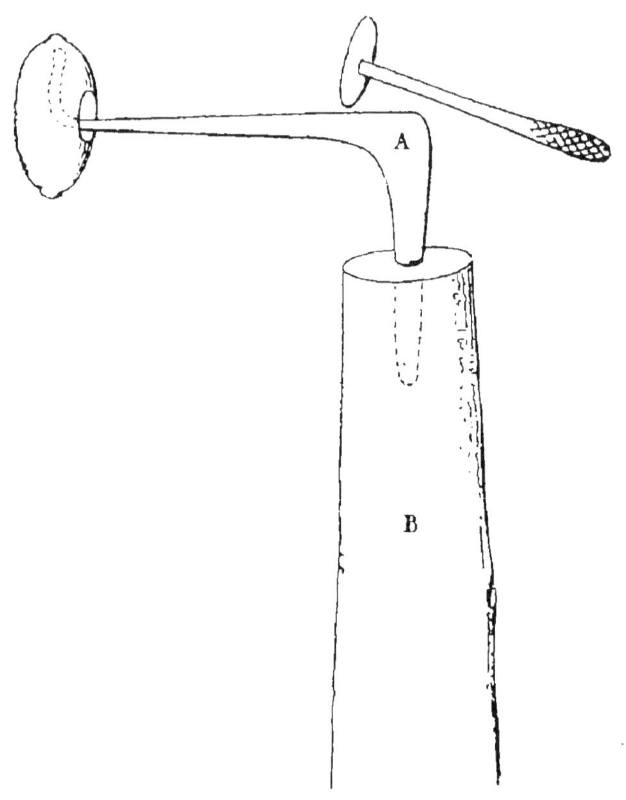

Fig. 19.

B billot dans lequel on peut, à défaut d'étau,
mettre la ressing A.

La ressing est un outil en fer, mais mieux en acier, long d'environ 35 centimètres, sans compter le coude qui sert à la fixer soit dans un étau, soit dans un billot ; quand je dis environ 35 centimètres, il est bien entendu qu'il y a des pièces où il

faudrait, en raison de leur grandeur, une longueur
plus forte, j'indique ici 35 centimètres comme longueur pour les travaux ordinaires, puis parce que,
à cette longueur, j'ai remarqué que les ressings
fouettent bien, ce qu'il faut, car lorsqu'elles sont
plus courtes, le coup est dur ; il est, au contraire,
mou, sans force et vibrant seulement, lorsque la
force de l'acier n'a pas été proportionnée à la longueur. La ressing doit par le bout être relevée en
forme de crochet, d'une longueur de 2 ou 3 centimètres. Cependant il y a des pièces qui exigent que
ce crochet soit plus long. Le bout doit être gras,
autrement dit avoir la forme d'un haricot, d'une
petite noisette. La forme, sur le bout d'une ressing, ne doit pas avoir d'angle ou être sèche, le
métal en serait trop fatigué.

Je crois que je ne saurais mieux donner une
idée de la ressing qu'en disant que cet outil joue
le rôle de la moitié d'un arc à lancer des flèches ;
tous les coups de marteau frappés à 6 à 7 centimètres du talon de la ressing sont autant de tendus
qui, sitôt reçus, protestent, se redressent avec fierté
et transmettent la force du coup qu'ils viennent de
recevoir, non à une flèche, mais au métal à l'endroit où l'on vise, c'est-à-dire à l'endroit où l'on
tient le bout de la ressing.

Lorsqu'on a introduit le bout d'une ressing dans
un vase, une burette, en tenant celui-là ou celle-ci
de la main gauche, puis le marteau de la droite,

la pièce étant dessinée à l'avance, si l'on appelle le métal contre le bout de la ressing en frappant un petit coup, on voit aussitôt apparaître une petite bosse légère qui vous indique *où vous êtes* (le bout de la ressing) ; avec un peu d'habitude, on trouve ce point de suite. Puis, si vous êtes bien à l'endroit que vous voulez relever, vous frappez avec le marteau et vous voyez le métal monter en bosse que vous élargissez à volonté, en dirigeant avec la main gauche la pièce à l'endroit où se fait la distribution du repoussé, c'est-à-dire sur le bout de la ressing.

Pour les coups de marteau, on doit procéder franchement quand on est devenu sûr de sa main. Un bon coup vaut mieux que cinq petits faisant la même somme, car les petits coups, qu'on me pardonne cette façon de dire, piétinent le métal, le fatiguent et le récrouissent. On doit se servir d'un marteau à manche plus fort que celui des marteaux à ciseler, et avoir plusieurs bouts de ressing ; j'ai remarqué que celles à bout large entraînent la masse qui environne l'endroit repoussé ; on s'en sert tout de même avec avantage, mais il faut de l'habitude : le petit bout relève plus directement l'endroit sans enlever les parties environnantes. Je ne saurais cependant en dire davantage sur ce sujet et recommander plus l'une que l'autre, tout dépend de ce que l'on a à faire ; mais puisque tout cela est dit à propos de repoussé d'église, je répé-

terai que les ressings, dont on se sert dans la spécialité, ont le bout de la grosseur d'un haricot
moyen et d'une petite noisette.

Si le relevé est haut, le métal a fatigué, si bon
qu'il soit, et on doit recuire avant d'emplir de ciment.

Ne perdons pas de vue que nous parlons des divisions nominatives du travail de la ciselure.

Pour obtenir le *mi-relevé*, on procède exactement
comme pour le relevé, la différence est définie par
le nom lui-même ; on enlève moins, parce qu'on
paire moins. Dans le mi-relevé et dans le relevé
aussi, l'on obtient des valeurs fictives de repoussé ;
c'est-à-dire que le métal a été repoussé par-dessus
en dedans, les fonds baissés, si vous comprenez
mieux. Lorsqu'on profile le dessin à l'outil, qu'on
le trace, il ne faut pas abuser des traçoirs secs,
aigus : on baisse les fonds, on les pousse en dedans
avec des outils gras, et l'on a un relief de la différence, mais qui, en réalité, ne vient pas de dedans,
mais de l'abaissement des parties du premier plan.
C'est tout simplement ainsi qu'ont procédé le plus
souvent les Florentins avec leurs vases, et les gens
peu compétents qui ont écrit, ont dit sur ce sujet
beaucoup de belles choses que les ignorants ont
répétées pour se donner des airs de connaisseurs,
et c'est également ainsi qu'on a vu des réputations
usurpées s'établir du vivant d'artistes grands et
forts qui sont morts quelquefois de misère et igno-

Ciseleur. 9

rés, en laissant des œuvres dont les faiseurs de réputation, pour soutenir leur infaillibilité, ont mis bravement les admirables produits sur le compte des grands noms factices qu'ils avaient glorifiés. Mais ne sortons pas de notre sujet et revenons à l'*ébauche*.

Une fois la pièce en ciment, on l'ébauche avec des ciselets gras et le marteau. On donne le modelé aux choses en commençant grassement d'abord et en approchant toujours peu à peu du dernier effet qu'on veut produire. Le modelé une fois bien préparé, on pose les mats ou *brettés*, les feuilles, etc., on frise les fónds, puis on plane les unis en dernier lieu. Pour tout cela, on procède dans l'ordre où je viens de le dire.

Le *tracé matis* ne se repousse pas, on le met en ciment à l'intérieur, on le dessine, et sans plus de cérémonie on le trace au traçoir avec le marteau. On doit être bien outillé en traçoirs, et dans le genre d'église et de table, il est important d'avoir des traçoirs pouvant aller sans peine dans tous les endroits de la forme. Les traçoirs demi-ronds doivent être de plusieurs formes plus ou moins fermées, pouvant aller du petit rond à la grande courbe, et toujours être un peu bateau ; sous cette forme ils filent mieux que lorsqu'ils sont plats. Leur biseau ne doit pas être aigu au point de couper la matière comme le ferait un ciseau. Les traçoirs droits doivent avoir les mêmes qualités que les ronds, seulement ils sont droits. Or il faut s'exercer à tracer avec goût, avec force ou légèreté, et à moins de tracer des plates-bandes et leurs filets, on doit toutes les fois qu'on le peut, mener le traçoir comme la belle écriture avec des pleins et des déliés. Les mats doivent être posés en raison de l'effet demandé, mais aussi comme il a été dit pour le relevé et le mi-relevé, en raison de la somme des brunis.

DESSIN DES PLATEAUX DE TABLE

Pour services de table, on fait maintenant beaucoup d'objets qui annoncent un progrès réel ; le dessin a plus de distinction, et on voit des tasses, des sucriers et de beaux plateaux tracés. Le tracé a l'avantage sur le gravé au burin, qu'il n'affaiblit pas la matière comme le gravé qui, sur des pièces minces, traverse presque de l'autre côté.

Les grands et petits plateaux d'orfèvrerie sur lesquels on sert les rafraîchissements dans les soirées, sont le plus souvent enrichis d'ornements faits au traçoir. Ces plateaux ne doivent pas être mis dans un ciment trop gras, ils en seraient légèrement boursouflés par le travail du traçoir ; ils ne doivent pas non plus être mis dans un ciment trop dur où on les couperait (les tourets).

Les dessins des plateaux de table sont ordinairement à quatre parties semblables, dont le centre du plat est le milieu, lorsque le plateau est carré, long, à angle droit. On le fait de même pour les ronds, on dessine un quart du tout seulement ; puis on le trace, et une fois tracé, on enduit le tracé d'huile mêlée d'un peu de noir de fumée ou de sanguine râpée fine, et quand on en a bien mis partout, on essuie les dessus de façon qu'il n'en reste que dans le tracé. On prend alors un papier assez grand que l'on fixe bien dessus avec de la cire ou une colle quelconque sur les coins du papier et on tamponne un peu, ce qui donne une impression *inverse* ou contre-épreuve de son dessin, qui, en raison de son inversion, fait, avec le côté tracé sur lequel vous venez de le prendre, la droite et la gauche. Vous retirez le papier, puis vous le collez bien tendu avec de la colle très légère (le rouge dessus) à la place qu'il doit occuper, et vous tracez cette fois sur le papier. Vous reprenez le dessin de cette moitié de la même manière ; vous arrivez ainsi plus juste par ce décalque et vous avez été plus vite, puisque vous n'avez dessiné que le quart de votre plateau. Ayez bien soin de prendre un papier peu épais, et aussi de coller votre dessin à des distances exactes des bords et du milieu. Le moyen le plus prompt pour cela, est de tirer deux lignes d'angle en angle ; si le plateau est juste, le point où ces lignes se croisent est le milieu, et ce milieu et ces lignes servent à établir son papier du premier coup et sans tâtonnements. Il arrive cependant parfois que les plateaux ne sont géométriquement pas justes d'ensemble, c'est un défaut d'habileté de l'orfèvre, mais c'est au ciseleur à le réparer ; le malheureux ciseleur est chargé du redressement de toutes les fautes faites par ceux qui l'ont précédé. On doit alors procéder par voie de *trichement*, porter sa ligne du côté où l'on a le plus de surface, et cela de façon à égaliser la marge laissée sur les bords. Il faut autant que possible aviser à cela avant de tracer le premier quart du plateau ; et si le centre du dessin n'est pas précisément au milieu de la pièce, ce n'est pas la faute du ciseleur.

Puisque j'en suis sur ce chapitre, je dirai que c'est en procédant ainsi avec du noir sur du papier, sur un linge fin, sur du soufre moulé, sur la pièce, que Finiguerra, orfèvre-ciseleur de Florence, après avoir gravé sur une plaque d'argent pour la nieller, le couronnement de la Vierge, découvrit, en 1452, l'art de reporter sur papier des épreuves de gravures sur plaques. De là naquirent la gravure en taille-douce et l'impression qui, plus tard développée par Gutenberg, a fait naître à son tour l'imprimerie.

Revenons à notre sujet. A quelques petites différences près, on opère sur le repoussé de table de la même manière que pour celui d'église. Les cafetières, les sucriers, les tasses, les théières, etc., etc., sont, pour les haut et bas repoussés, conduits comme il vient d'être dit.

Quant aux calques, ils sont pris de la manière suivante :

Après avoir tracé votre dessin avec un traçoir assez gras (un écusson par exemple), vous prenez un morceau de papier blanc plus grand que votre dessin (du papier Ingres, de préférence, étant plus souple) ; vous trempez ce papier dans l'eau, puis vous l'appliquez sur votre pièce en lui en faisant épouser la forme. Vous prenez ensuite un morceau de drap que vous placez dessus, et, tout en maintenant votre drap avec votre main gauche, afin que le papier ne puisse bouger, vous frappez avec votre marteau sur ce drap afin d'imprégner, dans le papier, le tracé produit par le traçoir.

Cette opération terminée, vous laissez sécher le papier sur la pièce elle-même afin d'en conserver la forme exacte. Puis, au bout d'un quart d'heure ou d'une demi-heure, suivant l'importance du calque, vous retirez votre calque qui, s'il est pris à fond, vous servira indéfiniment.

Pour le reproduire, vous imprégnez ce calque de sanguine en poudre que vous frottez avec un pinceau assez dur sur les parties saillantes produites par le traçoir. Vous tamponnez votre pièce avec de la cire à modeler ; vous posez votre calque sur la partie à reproduire en appuyant avec le pouce et l'index, tout en maintenant votre papier avec l'autre main, afin qu'il ne bouge pas; vous retirez votre calque et retrouvez par des traits rouges le dessin exact de votre écusson que vous passez à la pointe à dessiner, afin qu'il ne s'efface pas. L'opération terminée, vous passez un chiffon imbibé de pétrole pour enlever le gras produit par la cire ainsi que le rouge produit par le calque.

Les médaillons fondus appliqués sur les pièces en feuilles, tels que pieds de calice, etc., se cisèlent comme tout autre fondu (Voyez *du petit*).

Pour les anses de burettes, vases, tasses, poignées de plateaux, etc., un orfèvre qui connaît son art ne doit les souder qu'après qu'ils ont été ciselés à part.

CHAPITRE XXIV

Des clinquants

—

Les clinquants ciselés sont presque tous des repoussés minces, le plus souvent d'argent, de plaqué et quelquefois d'or.

Généralement ils sont repoussés *de par-dessus;* et l'épaisseur du modelé est presque toujours obtenué en baissant les fonds avec un frisoir. L'on ébauche avec des traçoirs gras pour ne pas couper, et l'on revient avec des outils qu'on ne traîne pas, mais qu'on imprime d'un coup de marteau ; c'est un travail qui, habituellement, se mène *en fabrique* comme on dit à l'atelier, ce qui veut dire vivement et par les chemins les plus courts.

Lorsqu'il a été de mode de porter des boutons ciselés et quand ils étaient dorés, on en collait quelquefois six douzaines sur le boulet, puis s'il y avait, je suppose, une étoile au milieu du bouton, on prenait son outil étoile (de grandeur) bien poli à la potée d'étain sur un morceau de cuir de buffle, et l'on frappait l'étoile au milieu des six douzaines de boutons, puis, si on avait divisé le bouton en six rayons, on avait quelquefois deux outils que l'on alternait, on prenait un des deux outils, on le frappait sur tous les boutons en laissant la place pour frapper l'autre. C'est généralement un genre peu artistique et qui exige du clinquant et du brillant, ou ce qu'on a l'habitude de nommer à l'atelier du *tapage* (pour l'œil).

Les bouchons de flacons pour odeur, les pommes de cannes, les têtes de cravaches, les coulants de celles-ci, les coquillés d'argent remplis d'étain et qui sont dans les harnais des chevaux d'équipage, les fourreaux de yatagans arabes, et une grande partie de la ciselure turque, sont ainsi faits et tracés, et les fonds enfoncés au frisoir, puis les dessus frappés d'outil représentant le plus souvent une fleurette ou autres décors, et quelques plates-bandes courbes, à bouts ronds, qui sont brunies. On doit cependant avoir soin de distinguer assez harmonieusement les parties qui seront brunies de celles qui seront mates. La pomme de canne et toutes les pièces en forme de tubes doivent être divisées dans leur circonférence, soit en deux, trois ou quatre parties ; le plus souvent c'est trois, et on doit avoir soin, en les dessinant, de s'arranger de manière à ce qu'en les mettant sur le boulet, on puisse facilement, au travail, relier son dessin. Pour remplir les pièces, si on en a beaucoup à repousser, on se

sert de ciment gras ; moins gras, si on a peu à
enfoncer. Servez-vous d'outils vifs pour les dessus,
mais comme ordinairement la matière est assez
mince, évitez les outils aigus pour les fonds, pour
n'avoir pas des *crevés* qui nécessiteraient des soudures et des ragréures.

Pour mettre en ciment sur le boulet à mesure
que vos côtés sont faits et pour les retourner plus
facilement, imprégnez d'huile la partie à mettre
en ciment. Lorsque votre pièce est retournée, vous
la nettoyez au pétrole et vous passez une gomme
et de la ponce fine pour enlever le gras produit
par le pétrole.

CHAPITRE XXV

Des métaux ductiles propres à repousser. — Or, argent, platine, aluminium, cuivre, plomb, fer.

—

On doit traiter le métal en raison de son tempérament, puis en raison de la nature de la pièce qu'on a à repousser. A cet égard il n'y a pas de règles absolues.

Sur le repoussé il y a des endroits sur lesquels la théorie et même la pratique ne pourraient pas tout indiquer ; on est alors obligé de procéder, comme disent les chimistes, par voie de tâtonnement.

Or

L'or est de beaucoup le plus ductile des métaux ; le meilleur pour repousser est l'or à **22** carats.

Les **24** carats sont l'équivalent des 1,000 millièmes, autrement dire, d'or pur.

La monnaie en France est ainsi alliée :

Or pur 900
Alliage 100

Ce qui fait 1,000 millièmes.

Ou un dixième de son poids d'alliage, si vous aimez mieux.

L'or est à 22 carats lorsqu'il est composé de :

Or pur 22
Alliage 2
                                    ——
                                    24

C'est-à-dire onze parties d'or pur et un douzième d'alliage.

L'usage pratique d'employer l'or au titre de 22 carats paraît très ancien, et pour appuyer cette assertion, rappelons que Caradosso se servait d'or à 22 carats, et Benvenuto Cellini qui nous l'apprend, a remarqué aussi qu'au-dessous de 22 carats l'or est dur à travailler, et que trop près de 23 carats l'or est mou. Ajoutons que la pratique jusqu'à nous a confirmé la vérité de ces observations.

« La présence d'une quantité extrêmement petite « de plomb dans les alliages de cuivre et d'or les « rend très cassants. »   （PELOUZE.)

L'or étant un métal peu dur, ne peut être employé à l'état de pureté pour fabriquer les monnaies, les médailles ou les bijoux. Des monnaies d'or pur se déformeraient rapidement, et leur empreinte serait peu durable; on durcit donc l'or en y ajoutant du cuivre.

« Les alliages de cuivre et d'or sont beaucoup
« plus fusibles que l'or, et leur fusibilité augmente
« avec la proportion du cuivre; aussi les emploie-
« t-on pour souder l'or. »   (PELOUZE.)

La fusion de l'or exige une plus haute chaleur que pour l'argent.

« L'or partage avec le platine, l'argent, le fer,
« etc., la propriété de se souder à lui-même sans
« fusion préalable. »   (PELOUZE.)

« En comprimant et en martelant un mélange
« d'or et d'argent en poudre, on produit un da-
« massé qu'il serait impossible d'obtenir par la
« fusion de ces deux métaux. »   (FOURNET.)

« L'or s'allie en toute proportion avec le cuivre.
« Le cuivre rehausse la couleur de l'or, augmente
« sa dureté, le rend plus fusible, mais diminue sa
« malléabilité et sa ductilité. »   (PELOUZE.)

L'or se contracte beaucoup plus que les autres métaux en passant de l'état liquide à l'état solide.

« L'or est un des métaux les moins altérables
« que l'on connaisse, il résiste à l'action prolongée

« de l'air, de l'oxygène, de l'eau, des acides sulfu-
« rique, azotique et chlorhydrique, mais l'acide
« sélénique l'attaque en se transformant en acide
« sélénieux. Le carbone, le soufre, le sélénium
« n'exercent aucune action sur l'or, même sous la
« température la plus élevée.

« Dans les arts, on emploie pour dissoudre l'or
« une eau régale formée d'une partie d'acide azo-
« tique et de quatre parties d'acide chlorhydrique.

« L'or se combine avec la plupart des métaux,
« il s'unit directement avec le manganèse, le fer,
« le cobalt, le nickel, l'étain, le zinc, l'antimoine,
« le bismuth, le cuivre, l'argent, etc. »

(PELOUZE.)

Platine

Le platine à l'état pur est doux à travailler, et
d'une douceur comparable à celle de l'or à **22** carats.

Ce métal est dur quand il est allié à l'argent,
même quand ce dernier métal entre dans l'alliage
dans une proportion très faible. C'est le plus lourd
des métaux, il est considéré comme infusible, il ne
s'altère pas exposé à l'air ; les liquides sont sans
action sur lui, mais il se dissout dans l'eau régale.

A l'état pur, après l'or et l'argent, c'est le plus
ductile des métaux.

Argent

L'argent est un peu plus dur que l'or, un peu plus mou que le cuivre ; après l'or, c'est le plus ductile et le plus malléable de tous les métaux. En l'alliant avec une petite quantité de cuivre, on lui donne de la dureté.

L'argent au premier titre est bon à ciseler ; cependant pour des pièces qui exigeraient la ciselure, moins le métal a d'alliage, plus il est doux, ductile et facile à travailler. A la Monnaie de Paris, les *titres* des ouvrages d'orfèvrerie sont au nombre de deux : le plus employé est celui qu'on nomme le premier titre qui est à 950 millièmes de fin, avec 5 millièmes en moins de *tolérance* ; ce qui veut dire qu'une pièce qui contient 55 millièmes d'alliage est encore contrôlée au premier titre.

Le second titre de l'argenterie est 800 millièmes d'argent pur, et 5 millièmes de tolérance sont aussi accordés, ce qui fait *au plus* 205 millièmes d'alliage.

A ce titre l'argent est trop dur pour faire du repoussé d'art.

« Il suffit de quelques traces d'étain pour rendre « l'argent aigre. »   (Dumas.)

Les soudures d'argent sont un alliage d'argent et de cuivre dans lequel ce dernier métal entre en proportion d'un tiers, d'un quart, d'un cinquième, etc.; moins il y a de cuivre, plus il faut de chaleur pour que la soudure *coule*. Les soudures qui fondent à une chaleur moins haute, sont celles dont on se sert quand on a déjà soudé et qu'on craint qu'une chaleur pareille à celle qu'il a fallu pour les premières soudures ne dessoude celles-ci.

Plus les soudures ont de cuivre, plus elles sont visibles.

L'argent ne s'oxyde ni à l'air sec, ni à l'air humide, il ne se ternit à l'air que sous l'influence des vapeurs sulfureuses.

« Les oxydes de plomb, le deutoxyde de cuivre, « l'oxyde de manganèse, l'attaquent.

« Le minium, le peroxyde de manganèse, peu- « vent oxyder l'argent. »   (DUMAS.)

« Les acides végétaux sont sans action sur l'ar- « gent. »   (PELOUZE.)

L'acide azotique dissout l'argent.

Aluminium

L'aluminium est un métal nouveau dans les arts et dans les usages vulgaires, et qu'à l'heure où j'écris on n'est pas encore parvenu à souder avec lui-même. C'est le plus léger des métaux, et en le prenant à la main, on croirait avoir un morceau de bois de même volume. On en a fait de très jolies petites pièces en fondu. On peut le repousser, mais cependant je ne le crois ni si malléable, ni surtout si ductile qu'on a bien voulu le dire. On le dit inoxydable aux émanations sulfureuses, mais avec lui on peut marquer sur du papier presque comme avec un crayon de plomb ; ce qui n'est certainement pas une qualité. Je le crois, en un mot, un métal sans nerf, l'avenir dira le reste.

Cuivre

Le zinc étant un métal très cassant, il est aisé de comprendre que plus les cuivres du commerce en contiennent, plus ils sont aigres, et moins ils sont malléables. Le meilleur de tous les cuivres pour repousser, est le cuivre rouge, celui qui est sans alliage : et si l'on pouvait le forger soi-même ou le faire forger en plaque, il serait encore supérieur ; car tout bien recuits que soient les laminés, le laminoir écrase les molécules dans des conditions bien moins avantageuses à celles du travail de martelage. Dans mon opinion, la durée des cuivres anciens, des vieilles casseroles, par exemple, à épaisseur égale, est surtout due à cette circonstance.

On vend cependant à Paris des cuivres jaunes qui ont une très grande ductilité. Le cuivre dit

Lacroix est un cuivre allié grassement, se pliant bien, peu pailleux, il se vend tout décapé. Le cuivre Dumouchel dont on se sert aussi, est un cuivre qui a des qualités, mais elles ne sont pas aussi propres au repoussé que le cuivre Lacroix. Le cuivre Dumouchel est souvent pailleux, et il est difficile de le reconnaître en l'achetant, parce qu'on le vend non décapé.

Plomb

(Voyez *du plomb ciselé*).

Fer

(Voyez *fer et acier*).

CHAPITRE XXVI

Des ciments à coller et à repousser

—

Depuis longtemps, à Paris, les spécialistes vendent un ciment dont se servent les ciseleurs, les fontainiers. Il y en a plusieurs degrés en qualité, et on s'en sert aussi (le plus fin) pour cacheter le vin en bouteilles.

Le ciment en question est un mélange de résine, de suif et de colcotar, auquel on ajoute d'ordinaire une certaine quantité de brique pilée. Comme il est toujours très sec, lorsqu'on l'achète, à raison de l'abus de la brique pilée qui pèse plus et coûte moins cher à ceux qui le fabriquent, les ciseleurs sont obligés de le modifier en raison de ce qu'ils ont à faire. Lorsque vous achetez du ciment destiné à repousser, vous devez choisir un ciment à sable fin (la brique pilée qui est dedans). On le reconnaît facilement en écrasant un morceau : si les grains du sable sont gros, graveleux, rejetez-le, à moins que ce ne soit pour des grosses pièces sans finesse, telles que la bosseterie, les grosses lampes d'église, par exemple, dans lesquelles on met quelquefois 50 et même 100 kilogrammes de ciment pour les ciseler. Rejetez-le également si vous apercevez dedans des petites pierres, c'est une preuve que le sable a été mal tamisé. Un tel ciment fatigue toujours davantage le métal. Une partie des *crevés* (trous en travaillant) vient des corps durs étrangers au ciment ; ceux-ci, étant inflexibles dans la pièce, font enclume dessous lorsqu'on frappe du ciselet, du traçoir surtout, ce dernier, rencontrant une résistance, veut la faire céder ; on frappe plus fort, le métal est alors troué par l'outil qui, à peu de chose près, a joué le rôle d'un emporte-pièce ou d'un outil coupant.

Que vos ciments à repousser soient tenus très propres et ne contiennent aucun corps dur, ni même des corps plus tendres que le ciment. Quand je dis plus tendres, on abuse souvent des morceaux de papier, soit par exemple pour poser un peu de ciment, soit pour boucher, etc. Ce papier mêlé au ciment fondu revient tout encimenté se loger dans quelque endroit de la forme, ou n'oppose qu'une résistance factice, puisqu'il ne remplit pas partout.

Lorsqu'ensuite vous travaillez, vous enfoncez la place qu'il occupe, et perdez quelquefois beaucoup de temps et dépensez beaucoup de travail pour ramener l'endroit à son plan. Cela arrive souvent, et ne se présenterait pas, si l'on examinait bien son ciment lorsqu'il est fondu.

Il ne faut pas que le ciment à coller les pièces sur les boulets ou sur les blots, soit trop sec, il s'éclaterait trop facilement et collerait mal. Il ne faut pas qu'il soit trop mou, la pièce collée s'enterrerait dedans, ce qui est très impatientant, surtout pour des petits morceaux fondus.

Lorsque le ciment est trop sec, vous y ajoutez un peu de suif pour l'engraisser. Un ciment est trop sec lorsque dans les petites parties il casse, s'émiette, que la pièce se décolle souvent.

Le ciment à coller est trop mou lorsque la pièce s'enterre dedans et que les bords de cette pièce se recouvrent de ciment. Quand le ciment est mou, on y ajoute du ciment neuf. Du reste, le ciment à coller, à part les deux observations que je viens de faire, est un ciment sans grande importance; il n'en est pas de même des ciments à repousser.

Le ciment à repousser doit être fait en raison du métal, de son épaisseur, puis de quelques raisons relatives à l'ébauche; de plus, aussi, en raison de la différence des masses et des détails, et enfin encore en raison de la température; la chaleur donne beaucoup de dilatation au ciment, le froid le durcit; ce qui est bon au mois de juin, ne vaut rien au mois de janvier.

Le ciment à repousser doit avoir approximativement, à quelque différence près, la dureté du plomb, un petit peu plus dur. On le reconnaît à l'ongle, puis comme il sera dit un peu plus loin. Le ciment se dilate et s'attendrit dans la saison des chaleurs, et doit, pour cette raison, être tenu un peu plus ferme l'été que l'hiver.

Lorsqu'il fait froid, il se durcit, et doit pour cela être tenu un peu plus gras qu'en été.

ESSAI DES CIMENTS

Lorsqu'on prépare du ciment, on fait des *essais* pour se rendre compte de son degré de dureté, on en prend avec la spatule la grosseur d'une noix, que l'on met un instant dans l'eau froide, après quoi on le retire et on le roule en le frottant dans ses deux mains (qu'on a eu soin de mouiller avant), et lorsque le tout s'est allongé et a pris la grosseur du petit doigt, on le remet dans l'eau pendant dix minutes où il finit de se refroidir, puis on le retire et on plie ce petit bâton de ciment; s'il casse net, il est trop sec; s'il plie d'une façon trop pâteuse, il est trop mou. Au ciment trop sec vous remettez du suif; au ciment trop mou, du ciment neuf, en ayant pour l'un et pour l'autre égard à la quantité sur laquelle vous agissez, puis vous recommencerez l'essai quand tout est fondu, bien brassé, et cela jusqu'à satisfaction.

Il est important de ne pas faire ces essais dans

trop peu d'eau; celle-ci, étant chauffée par le ciment, maintient celui-ci dans une dilatation souvent au-dessus de la température ordinaire; il ne faut pas faire non plus vos essais dans de l'eau beaucoup plus froide que la température ambiante, de l'eau froide de puits en été, par exemple, qui durcirait davantage votre ciment et pourrait vous faire supposer qu'il est plus ferme qu'il ne serait en réalité. La chaleur de la main donnant toujours un peu de dilatation, vous pourriez avoir un ciment un peu mou.

Contrairement à l'opinion de beaucoup de ciseleurs, je ne suis pas partisan de donner une trop haute chaleur aux ciments en les faisant chauffer, et cela pour deux raisons. La première est que je vois souvent, chez des confrères, des ciments véritablement brûlés; ce qui est au fond du poêlon est grillé et ne contient plus ni résineux, ni gras, c'est du sable aggloméré par petites parties et passé à l'état de poterie, terre cuite, charbonnée, ce qui est loin d'être du ciment à repousser ; celui-ci devant surtout être égal partout.

La seconde raison est qu'un ciment très chaud mis dans un vase, par exemple, se dispose par couches; j'ai fait cet essai dans une sorte de bouteille de verre blanc, et j'ai vu que le sable, étant le plus lourd, s'était précipité dans le bas; que la graisse, plus légère, occupait le haut, et que les autres corps s'étaient disposés au milieu entre les deux. Lors-

Ciseleur. 10

que la bouteille a été cassée, cette observation a été en tout point justifiée en ouvrant le ciment avec un marteau.

Il y a moins de séparation des matières composant le ciment, lorsqu'il est bien mêlé et coulé en chaleur un peu plus haute que moyenne.

Pour mon propre compte, j'ai substitué au suif le goudron que je trouve préférable, les parties restent beaucoup mieux mêlées, et le ciment est plus égal.

DES POÈLONS

Si vous visez à un long usage, défiez-vous des poêlons de terre, ils cassent quelquefois au feu, ou, ce qui est pis encore, lorsqu'on les transporte, le ciment bouillant dedans. Les poêlons de cuivre sont préférables, mais il faut remuer souvent, ne pas laisser brûler le ciment, parce qu'il se forme des agglomérations charbonneuses qui ne sont plus en réalité que des résidus de ciment.

DES MISES EN CIMENT

Généralement, quand on le peut, on graisse très légèrement la pièce. Il y a cependant quelques rares exceptions où on ne peut pas le faire *facilement*.

On met en ciment les plaques, tels que les bas-reliefs, les plateaux, etc., en les bordant, soit de terre glaise, de sable jaune mouillé, ou mieux encore d'une bande de cuivre ou de tôle mince de préférence, afin de pouvoir mieux suivre le contour de l'objet (fig. 20). Vous fixez cette bande en

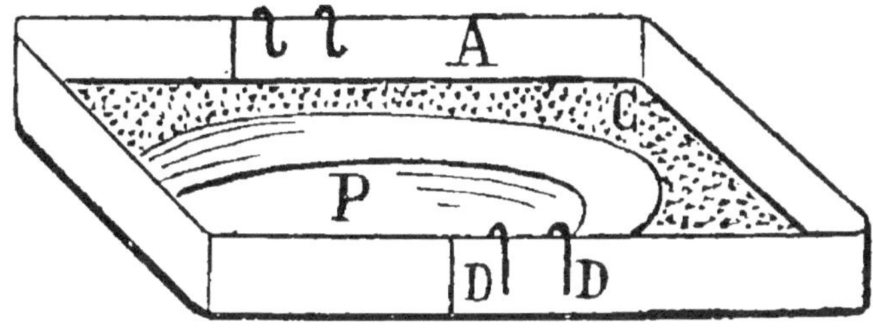

Fig. 20.

A bande en fer ou cuivre.
C sable.
P pièce d'orfèvrerie.
D D crampons.

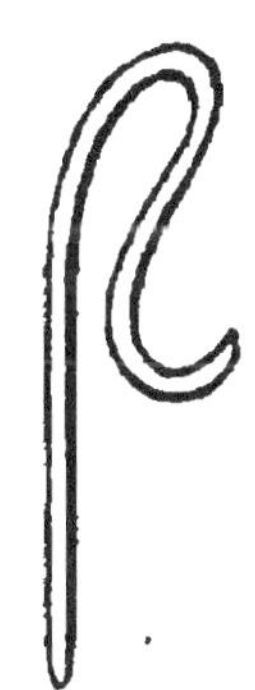

Fig. 21.   Crampon en fer.

manière de cercle, soit avec un fil de fer, soit avec une corde ou mieux encore avec des crampons en fer dont se servent les orfèvres (voir fig. 21). Mais, avant tout, prenez la précaution d'installer votre pièce sur un lit de sable ou de terre glaise bien uni, afin que le ciment ne passe en dessous et ne salisse l'endroit à ciseler. Laissez aussi, entre votre pièce et le cercle ou bâtisse du tour, un espace d'environ 3 à 4 centimètres, afin de procurer une certaine résistance au ciment. Une fois le ciment versé dessus, on le laisse bien refroidir, après quoi on colle le morceau en le retournant sur un boulet ou sur un blot, sur lequel on a préparé un lit de ciment chaud pour le recevoir et le fixer pour travailler.

On doit éviter de mouiller les endroits où l'on veut mettre du ciment, celui-ci n'adhèrerait pas dans les points mouillés.

Par la même raison, on se mouille les doigts pour éviter de se brûler, le ciment collant après les mains quand on est obligé d'y toucher.

On nomme *boulette*, quoique le nom soit impropre, de petites cordes très minces de ciment que l'on fait en en prenant lorsqu'il refroidit, et en le roulant dans les deux mains ou sur une planche; quand on juge en avoir préparé assez, on chauffe la pièce en dessous et l'on entre de la boulette jusqu'à ce que la pièce en soit pleine. On remplit ainsi les pièces à entrée trop étroite pour être remplies à la cuiller ; c'est, du reste, ce qui arrive assez rarement en orfèvrerie, mais quand cela se présente je pense qu'il vaut mieux mettre la pièce dans l'eau bouillante, ce qui fait *un bain-marie* (ayant bien soin qu'il n'entre pas d'eau dedans), que de la placer sur le feu où, ne pouvant pas remuer le ciment, il est inégal. (Voyez fig. 22 et 23).

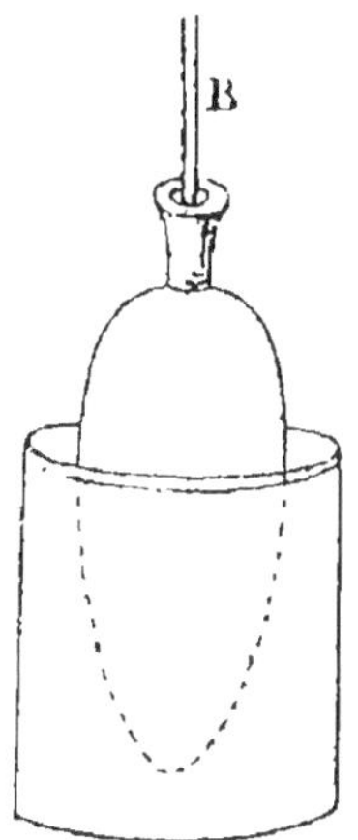

Fig. 22.

Mise en ciment d'un vase à orifice très étroit rempli à la boulette. Le vase est posé dans un pot d'eau bouillante, faisant bain-marie. Suivant la grandeur de la pièce on entretient du feu sous le pot pour maintenir l'eau en ébullition (ou à peu près).

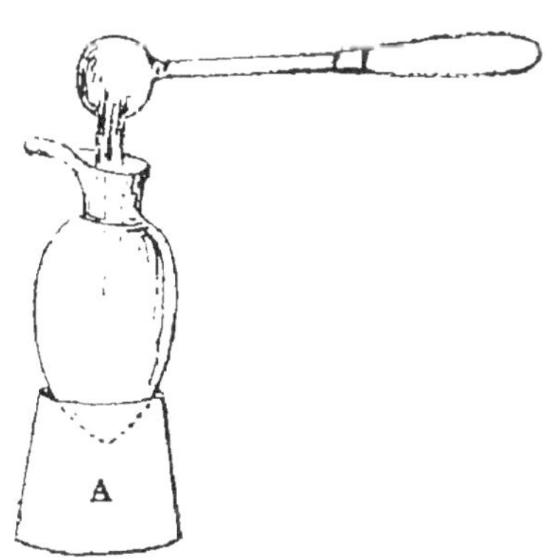

Fig. 23.

Vase mis en ciment à la cuillère. On le pose sur une boite, un pot, etc., comme un œuf sur un coquetier.

10.

On dit que la pièce porte bien, porte partout, lorsqu'elle est mise en ciment et que celui-ci adhère dans tous les points, ce qui est facile à reconnaître en *tapotant* de place en place par petits coups avec le marteau ; *la pièce porte*, si vous sentez de la fermeté dans le coup, et que le son est plein. Les endroits où le ciment n'est pas adhérent, sonnent creux, et sont tout ce qu'il y a de plus facile à reconnaître : *ils ne portent pas*; ils sont vibrants, parce qu'ils n'ont pas de ciment dessous.

Lorsqu'une pièce ne porte pas, on met dessus, si elle est plate, quelques charbons de bois bien allumés, et si la pièce a une forme telle que les charbons ne puissent tenir, on fait une espèce de nid d'oiseau en fil de fer, dans lequel on place les charbons ardents, on les évente un peu, et lorsque la chaleur a dissous et appelé le ciment, on retourne le côté du travail en dessous, et on laisse refroidir ; cela réussit le plus ordinairement ; mais si votre pièce a été mouillée à l'intérieur, ou que votre ciment ait contenu de l'eau (il crie au feu), cette eau dégagera une vapeur qui s'interposera entre la pièce et le ciment, et celui-ci n'adhèrera pas, quoi que vous fassiez en dessus : il n'y a alors qu'un moyen, c'est de retirer le ciment et de remettre en ciment.

A moins qu'il ne s'agisse de certains travaux d'ébauche, laissez toujours bien refroidir votre ciment avant de travailler ; et laissez-le refroidir, le métal dessous et le ciment dessus, autrement son poids l'entraînerait à se séparer.

Pour en finir avec le ciment, je rappellerai ici une vérité bien vulgaire, mais que beaucoup de ciseleurs me semblent encore ignorer : tous les corps se dilatent (augmentent de dimension) par la chaleur, et se contractent (diminuent de dimension) par le froid.

En sa qualité de corps composé, le ciment joue bien plus que le métal; exposé au froid, il quitte naturellement ce dernier en reculant plus que lui. Pour éviter cet effet, couvrez bien votre repoussé l'hiver, le soir quand vous quittez votre travail, et cela chaudement si la pièce est grande, et rapprochez-le même un peu du feu le lendemain matin avant de recommencer, cela vous évitera ce dicton d'atelier : *allons, bon, voilà ma pièce qui ne porte plus!* et tout ce qui s'en suit comme conséquence.

CHAPITRE XXVII

Un service rendu par une petite chose

—

Un jour, un petit vase d'argent sur lequel je devais tracer quelque chose roula de mon établi et tomba à terre ; comme il était rempli de ciment gras, son poids en tombant y produisit un bosselé méplat que je ne savais comment relever d'en dedans ; le collet rétréci, très étroit, était disposé de manière à ne pouvoir y rentrer une ressing : tout en m'occupant d'un autre travail, je réfléchissais à cet accident, mais je ne savais comment faire, lorsqu'au bout de deux jours il me vint une idée. Lorsque j'étais enfant, j'avais souvent joué avec ce que nous appelions un *tire-pavé*. On sait que c'est un morceau de bon cuir de veau, un peu plus grand qu'une pièce de cinq francs, au centre duquel on pratique un trou juste pour passer une bonne ficelle, à laquelle, une fois passée, on fait un bon nœud pour l'empêcher de repasser par le trou. Lorsqu'on tirera dessus, on laisse la ficelle en dessus, longue d'à peu près 50 à 60 centimètres, on mouille le cuir, puis avec le talon du soulier ou la main on l'applique et le colle très exactement sur une pierre : il se fait un vide sous le cuir, et celui-ci adhère à la pierre comme une ventouse, et cela si fortement et avec tant de ténacité, qu'on peut ainsi enlever des pierres ne pesant pas moins de 15 kilogrammes. Je sortis donc le ciment du vase : je fis un *tire-pavé*, j'appliquai bien le cuir à l'endroit bosselé, rentré en dedans, j'attachai solidement à quelque chose la ficelle que j'avais choisie assez résistante, puis prenant mon petit vase à deux mains, je le tirai brusquement d'un coup sec, et en trois coups j'avais réaffleuré la bosse.

CHAPITRE XXVIII

Des dégâts occasionnés par le plomb sur l'argent, et des moyens de les prévenir

—

Le plomb, ou plutôt l'oxyde de plomb, ronge l'argent quand il va au feu en contact de ce dernier.

Si vous ciselez de l'argent, évitez de le laisser toucher par le plomb, soit par les gardes des mâchoires de l'étau, soit de toute autre manière. Surveillez surtout votre ciment à repousser, qui sert souvent à remplir (des vases par exemple); vous risquez en vidant vos pièces du ciment qu'elles contenaient et en les recuisant, soit pour les nettoyer à l'intérieur, soit pour reprendre votre travail, d'avoir des trous si le ciment contenait même des parcelles de plomb.

C'est une erreur de croire qu'en mettant dans la déroche une pièce en argent, qui a été en contact avec du plomb, on la débarrasse des plombures (taches) qui peuvent être après elle; la meilleure preuve de l'inaction de l'eau seconde sur le plomb c'est que les baquets à dérocher chez les orfèvres les bijoutiers, et même chez les bronziers, sont précisément en plomb, parce qu'il est bien reconnu que la déroche ne les attaque pas.

On croit quelquefois bien savoir une chose et l'on est dans l'erreur, en chimie surtout; souvent il y a précipice en deçà, et en delà il y a encore précipice.

On fait l'extraction de l'argent par le plomb fondu, et les essais à la Monnaie pour reconnaître le titre de l'argent (combien il contient de millièmes d'alliage) se font également par la *coupellation* : de là est née une appréciation fausse pour quelques-uns, qui croient semblables deux choses qui ont d'énormes différences *quant au résultat*. Voici comment se font les essais à la Monnaie; je vais décrire en chiffres ronds afin de faire plus facilement comprendre.

Dans une petite coupelle (petite coupe) faite d'os calcinés, on met deux fois autant de plomb que d'argent, supposons argent 5 grammes, plomb 10 grammes, on les fait fondre, et quand ils sont fondus l'argent est resté seul au milieu de la coupelle : le plomb, dans cette occasion, non seulement n'a pas dévoré l'argent, mais il a pris à ce dernier tout l'alliage qu'il contenait; de façon que si on avait mis 5 grammes d'argent et qu'après l'opération il n'en reste plus que 4, il demeure acquis que l'argent contenait un cinquième de son poids d'alliage ou 20 0/0, si vous aimez mieux. Comment dans cette occasion le plomb se comporte-t-il si respectueusement envers l'argent, lui qui d'habitude le ravage quand il le rencontre au feu? C'est ce qui ne s'explique guère. « *C'est une vertu* de la coupelle », me disait quelqu'un de très compétent, « qui ne s'explique pas plus que l'aimant ». En effet, c'est une loi d'affinité dont la cause est inconnue ; on n'explique pas davantage la puissance du plomb à emmener captif tout l'alliage que contenait l'argent.

Bien que tout ceci ne soit pas de la ciselure, je m'y suis arrêté un moment, à cause du rapport de circonstance et pour que l'on soit bien convaincu qu'en dehors de la coupelle *qui a une vertu*, et d'autres lois chimiques qui en ont aussi, on ne met jamais impunément du plomb, même des taches au feu ; j'en ai vu d'effrayants exemples : et pour qu'il ne vous reste aucun doute, que c'est dans la manière de procéder qu'est la raison des différences, j'ajoute qu'on fait des alliages de plomb et d'argent en toute proportion.

Comme conclusion, je vous dirai : enveloppez de cuir, de chiffons, de parchemin, de peau, les mâchoires de plomb de votre étau : et dans quelque occasion que ce soit, si vous n'avez pas su ou pu éviter les taches que le plomb fait sur l'argent (ce qui du reste est visible), *avant d'aller au feu*, enlevez-les à la main avec une gratte-bosse très douce, si le travail est fin, ou encore avec un peu de ponce en poudre, de l'eau et un pinceau assez ferme.

L'acide sulfurique concentré et chaud dissout le plomb, *mais il dissout aussi l'argent.*

L'acide azotique (eau-forte) dissout le plomb, *mais aussi l'argent.*

Ce qui équivaut non à faire un trou pour en boucher un autre, mais à risquer d'en faire un par l'acide, pour éviter d'en faire un autre par le plomb.

CHAPITRE XXIX

Des décimentés. — Des nettoyages.
Du chalumeau

—

Lorsque vous sortez le ciment d'un vase, il faut commencer à le chauffer par le côté où le ciment est entré et par lequel il doit sortir; sans cela il pourrait faire explosion. A mesure que le ciment fond, il devient liquide, et vous le versez jusqu'à ce qu'il soit tout sorti. On peut aussi, pour certains petits vases délicats, sortir le ciment en mettant dans l'eau bouillante; le ciment fond ainsi dans une sorte de bain-marie et sort très facilement; on doit éviter de laisser entrer l'eau dans la pièce, et à cette fin on la suspend avec une petite corde.

Pour éviter les accidents l'on se sert d'un appareil à gaz composé de deux pièces : 1° un rond en fer avec tige formant crochet qui s'adapte au mur par deux pitons fortement scellés; 2° un rond en cuivre avec tige terminée par un robinet à gaz.

Dans ce rond sont percés de petits trous pour le passage du gaz. Auprès du robinet existe une virole avec vis laissant passage à une tige perpendiculaire dont le pied, assez lourd, est en fonte ou en plomb. Cette tige sert à élever ou à abaisser le rond

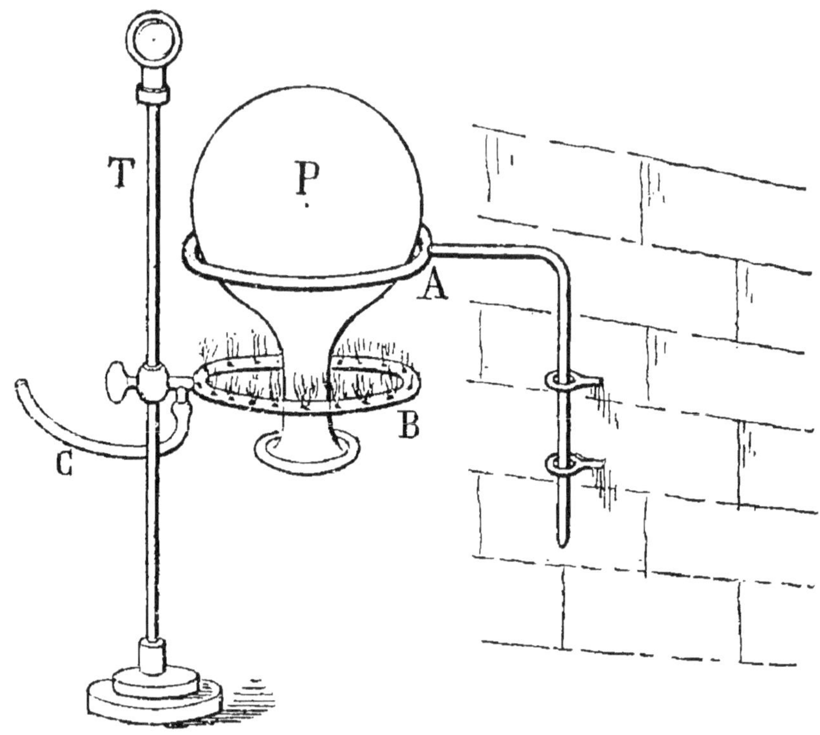

Fig. 24.

A rond de fer pour soutenir la pièce.
B rond de cuivre pour passage du gaz.
P pièce à vider.
T tringle servant à élever ou à abaisser le rond
    de cuivre de gaz.
C tuyau en caoutchouc amenant le gaz.

en cuivre suivant le besoin et la forme des pièces (voir figure 24). Il est utile d'avoir des ronds en fer et en cuivre de différentes grandeurs.

Si l'endroit par où le ciment est entré est le plus
large de la pièce, comme dans un pied de calice
par exemple, vous chauffez légèrement le métal
partout, et quand vous vous apercevez que le ciment commence à fondre sur les bords, prenez un
morceau de bois taillé en sifflet (fig. 25) que vous

Fig. 25. Morceau de bois taillé en sifflet.

placez entre le ciment et le bord de la pièce; faisant levier avec le morceau de bois, vous retirez
d'un seul coup votre pièce du ciment, mais pour
ne pas vous brûler les doigts prenez la précaution
de vous garnir la main restant libre d'un tor-
chon.

On sort les grandes pièces plates, en mettant
dessus des charbons de bois allumés. On sort ainsi
de ciment les grands plateaux de table, les plats,
les assiettes, les jattes de burettes d'église, etc., etc.
A mesure que le ciment s'échauffe, ce qui est visible à l'œil et au toucher, on enlève la pièce, en
ayant toujours bien soin de ne pas la déformer, et
à cette fin on rassemble les charbons sur les endroits qui semblent tenir encore.

On enlève de dessus le boulet en écaillant avec
un large ciseau.

DU CHALUMEAU

Quant aux pièces de table (cafetières, sucriers, théières, etc.), pour les décimenter de dessus les boulets ou les retourner, l'on se sert d'un chalumeau à gaz composé de deux pièces : 1° le soufflet

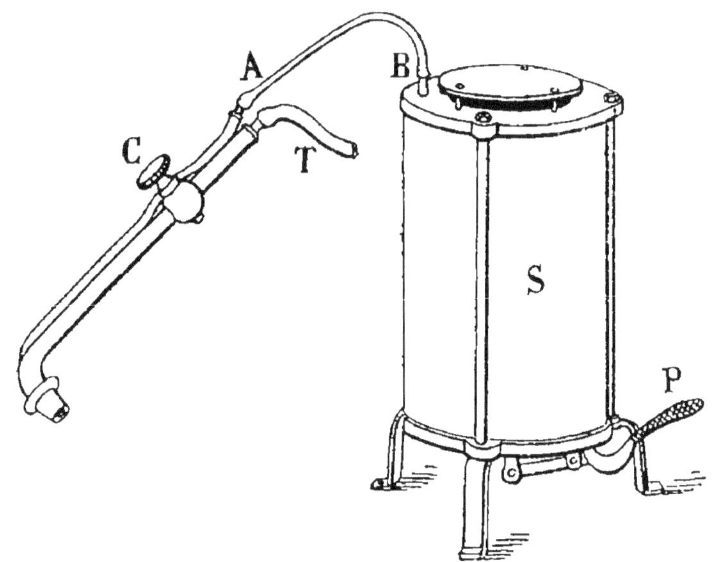

Fig. 26. Chalumeau à gaz.

B prise d'air pour l'alimentation du chalumeau.
C clef de réglage du chalumeau.
A tuyau de raccord en caoutchouc pour l'air.
S soufflet.
P pédale pour approvisionnement d'air.
T tuyaux de raccord en caoutchouc pour le gaz.

pour la fourniture de l'air; 2° le chalumeau proprement dit, qui est relié au soufflet et à la conduite de gaz par deux tuyaux en caoutchouc donnant passage, l'un pour le gaz (tuyau du milieu), l'autre pour l'air. Le tube du chalumeau correspondant au soufflet est celui dont le diamètre est plus petit. En appuyant sur une pédale fixée au bas du soufflet, l'on produit de l'air qui chasse en avant la flamme du chalumeau. Vous réglez cette flamme en ouvrant plus ou moins la clef régulatrice du chalumeau (Voir figure 26).

On sort quelquefois les petites pièces avec un chalumeau à la flamme d'une lampe ou d'une chandelle.

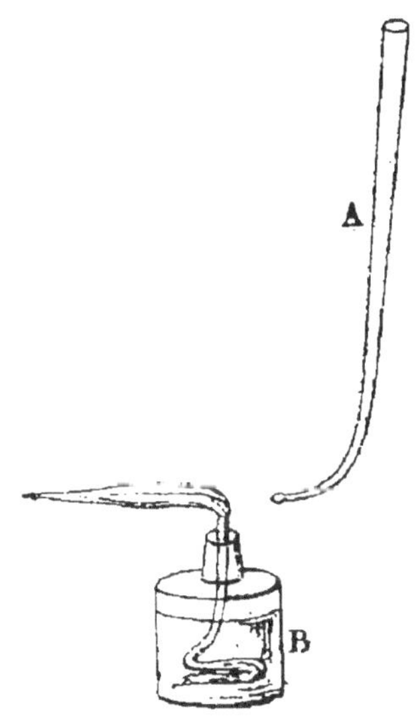

Fig. 27. Chalumeau.

A petit tube en fer creux dans lequel on souffle
avec la bouche, servant à diriger la flamme
d'une chandelle ou d'une lampe à esprit-de-vin B
pour les petites mises en ciment sur le boulet.

Le chalumeau est un petit tube de forme conique, en fer ou en cuivre, long d'à peu près 25 à 30 centimètres, recourbé du petit bout, et dont le trou de ce côté doit être fin, parce que c'est celui qu'on introduit dans la flamme, et que s'il était gros, il l'éteindrait. On s'en sert en ciselure, pour souffler à la bouche, soit la flamme d'une lampe ou celle d'une chandelle, sur un endroit nécessitant une chaleur vive, mais restreinte en largeur (Voyez fig. 27).

On sort de ciment aussi avec la chaleur d'une lampe à esprit-de-vin, surtout les nouvelles nommées éolipiles, dont se servent les plombiers. Elles ont un chalumeau soufflant tout seul, et sont par cette raison très commodes pour ceux qui n'ont pas le gaz.

NETTOYAGES

On nettoie le ciment resté après les pièces avec un chiffon imbibé de pétrole.

Pour recuire les pièces, on brûle la résine et la graisse du ciment, après quoi on déroche tout, ou l'intérieur seulement.

CHAPITRE XXX

Des recuits

—

Les recuits ont pour but de dilater les molécules du métal, lorsqu'il est recroui par le martelage ou autrement.

Le plus souvent on recuit à la forge, le vent du soufflet animant le feu ; mais, quand on le peut, le recuit se fait mieux dans une sorte de fourneau, ou encore, si la pièce est grande, de la manière que les orfèvres nomment souder ou recuire à feu couvert.

Recuire à feu couvert consiste à mettre la pièce sur une sorte de réchaud assez large pour la contenir ; ce réchaud a un bord tout autour pour maintenir le charbon de bois, qu'on apporte tout allumé de la forge ; on en recouvre bien la pièce, et l'on attise le feu avec des éventails à faire cuire les côtelettes, ou à défaut avec une feuille de carton.

Le recuit doit se faire à feu doux, la pièce doit

rougir, et il faut veiller pour les pièces soudées à ce que la chaleur ne s'élève pas jusqu'à faire couler les soudures.

CHAPITRE XXXI

Des dérochés à chaud et à froid

—

La déroche est un composé d'acide sulfurique (huile de vitriol) étendu de 8 à 10 fois la même quantité d'eau ordinaire : on la nomme aussi *eau seconde*, et les orfèvres l'appellent *blanchiment*. La déroche ronge les baquets de bois, aussi dans les ateliers où l'on a de grandes pièces à dérocher (on dit aussi décaper), les baquets sont-ils garnis de feuilles de plomb à l'intérieur, parce que la déroche n'attaque pas ce métal. Pour les pièces qui ne sont pas trop grandes, on les met baigner une heure dans des pots de grès.

On déroche presque toujours à froid, surtout les aciers qui seraient trempés si on les plongeait à chaud.

Pour le cuivre et l'argent en feuilles, lorsque la pièce est chaude, on peut la plonger dans la déroche; on prétend que le métal s'en trouve attendri, qu'il se passe un phénomène qui est l'inverse de celui qui a lieu pour la trempe des aciers, et des armuriers m'ont même assuré que le fer trempé au-dessous du rose en était attendri.

On déroche quelquefois de petites pièces d'orfèvrerie très encrassées, qu'on n'ose pas recuire à cause de soudures douteuses ou de certaines dorures; on les déroche dans du déroché en ébullition, en les y laissant pendant quelques minutes. Les casseroles de cuivre sont celles dont on se sert ordinairement pour cela, mais je dois cependant dire que l'acide les ronge aussi. Les casseroles de terre vernies sont quelquefois attaquées dans leur mauvais émail, mais on s'en sert également en en choisissant de bonnes. Dans les maisons assez riches, les *bouilloires* sont en platine, qui résiste bien à tous les acides, l'eau régale exceptée.

Pour les dérochés ordinaires à froid, des bronzes fondus, il faut bien sortir le sable de fondeur qui peut rester après la pièce, afin que l'eau puisse pénétrer partout.

Avec le temps, quand les dérochés s'affaiblissent, on y remet un peu d'acide, et c'est tout (Voyez *les décapages des fontes* à l'article *matrices* et à l'article *des fers et aciers*).

CHAPITRE XXXII

Moyens de produire les oxydations dites vieil argent, ou argent oxydé

—

Il est rare qu'on laisse les objets d'art en argent, sur le ton blanc uniforme de ce métal. Généralement, pour donner une autre apparence à la pièce, on la met ce qu'on nomme au vieil argent. Le travail, en se garnissant de noir dans les fonds, acquiert plus de valeur. On emploie pour cela plusieurs moyens qui, cependant, se réduisent à deux, à savoir : l'oxydation véritable et l'oxydation artificielle.

L'argent est susceptible d'oxydation véritable en le soumettant à l'influence de vapeurs sulfureuses ; en le baignant dans une eau de barèges plus ou moins étendue d'eau. Une fois la pièce bien oxydée, on revient sur les dessus avec de la ponce en poudre et un peu d'eau que l'on frappe avec une brosse ou un pinceau ferme (Voyez *des poncés*).

Après avoir amené la pièce au ton où on la désire, on lave, on sèche, en faisant chauffer, et l'on met un peu d'huile (le moins possible), soit avec du coton, soit avec un pinceau doux et propre.

On *oxyde* artificiellement avec le cambouis propre, soit de l'étau, soit de toute autre machine, en y joignant un peu de ponce en poudre pour empêcher de briller. On passe le tout avec un pinceau ferme, on essuie l'excédent avec du coton et on laisse sécher.

On produit encore un effet légèrement différent de celui ci-dessus avec de la poudre impalpable de fer, de la plombagine (à amorcer les moules de galvanos), un peu de ponce en poudre et de l'huile pour délayer le tout (pas trop clair). Dans ces derniers temps, je joignais à l'huile (légère) un peu de siccatif Couteray, dont se servent les peintres de portraits; l'huile par le siccatif sèche vivement, et l'on ne risque pas de se salir les mains, lorsque plus tard on touche à la pièce.

Ne poussez pas trop au noir, le sombre jouant un rôle d'ombre, alourdit beaucoup la ciselure.

CHAPITRE XXXIII

Des restaurations et des imitations

Pour faire des restaurations, il faut être adroit, patient, décomposer le travail, se rendre bien compte des moyens employés pour les appliquer aux choses que l'on a à *reprendre*.

Pour faire des imitations, il faut avoir les qualités ci-dessus, mais il faut en plus la science des époques et des différents genres ou styles qu'on veut imiter. Il faut avoir beaucoup vu, beaucoup comparé et avoir ainsi appris à démêler en première ligne, si la différence des effets obtenus est le produit *de la tête, de la main, ou de l'outil.*

Notez bien que j'ai dit imiter et non copier. On fait à Paris quantité d'imitations très grossières, mais on en fait aussi qui trompent l'œil des connaisseurs, des antiquaires, et des gens qui, le plus souvent, se posent en experts infaillibles, de ceux qui s'extasient devant une ordure trouvée n'importe où et repoussent d'un dédaigneux coup de pied les produits de leur époque.

Pauvres artistes, c'est ainsi qu'en tout temps, on vous renie de votre vivant et qu'on vous glorifie quand vous êtes morts.

En écrivant ces lignes, je pense à toi, pauvre Clodion, à toi qui dotas la sculpture de la gracieuse turbulence enfantine, à toi qui mourus presque ignoré, puisque pour toute biographie, on retrouve dans les papiers contemporains de ta mort : « Qu'il venait de mourir un sculpteur qui, à ce que disent certains amateurs, ne manquait pas de talent ». J'ai vu vendre tes petites statuettes des prix fous et qui auraient suffi de ton vivant pour te procurer une existence large, qui était due à ton talent ; mais, non ! non ! quand tu seras mort, plus tard... un siècle après, tes œuvres de terre feront la fortune des marchands ; on se les arrachera, et ceux qui pourront les posséder auront le renom d'hommes de goût. Puis, la France élevant un palais à ses grands hommes, parmi tant d'illustrations, t'a choisi ! Tu as une statue ! Comme la plupart de ceux dont les traits sont ainsi reproduits sur le marbre et la pierre, comme le grand Corneille, on ne sait plus où sont tes os.

Et cependant votre gloire à tous est le rayonnement de cette couronne d'étoiles que nous autres modernes posons sur le front de la patrie et qui, même en nos jours malheureux, nous rend fiers d'être ses fils.

Mais revenons à notre sujet. Pour imiter, il faut s'identifier avec l'esprit, le goût, la manière de celui qu'on veut imiter, et posséder le plus possible la science avec laquelle il a agi ; c'est à la différence, même à l'état de nuance qui existera entre vous et lui, qu'on reconnaîtra le bout de l'oreille.

J'ai fait autrefois, pour des marchands, beaucoup d'imitations en ciselure et en petite sculpture, destinées à faire le bonheur des connaisseurs dont j'ai parlé.

Si je ne craignais d'être taxé de vanité et d'indiscrétion surtout, je vous conterais des détails curieux.

Dans certaines imitations on pousse les choses jusqu'à imiter les défauts.

Il est on ne peut plus difficile de raisonner d'une façon générale sur les imitations ; le style le plus descriptif devient impuissant devant cette immensité de choses à décrire, et, si l'on y réfléchit, ce seraient des centaines de volumes qu'il faudrait pour embrasser depuis les sculptures de saint Eloi par exemple, jusqu'à celles de Michel-Ange ; et encore ce seraient toutes les écoles, les originalités, les styles, les influences des pays les uns sur les autres qu'il faudrait passer en revue.

Et avec tout cela les hommes les plus compétents ne sauraient toujours dire comment telle ou telle chose a été faite. Certains objets sont le plus souvent des sortes de langues mortes, dont on reconstruit une phrase, un mot, une lettre, heureux encore quant lettre à lettre on parvient à rétablir et former un tout. Je n'en saurais dire davantage.

CHAPITRE XXXIV

Du champ-levé des émaux byzantins, à l'outil et aux acides.

—

CHAMPS-LEVÉS A L'OUTIL

Les couleurs de l'émail byzantin sont enchâssées dans des compartiments. Chaque compartiment ne contient qu'un ton unique : ces tons sont posés les uns à côté des autres, comme ceux de la mosaïque, d'où est né le genre qui est originaire, non de Byzance, mais de l'antique Egypte. Chaque couleur est séparée de ses voisines par un mince filet de métal laissé dans le dessin champ-levé de la plaque ; ce petit filet est là pour s'interposer entre les couleurs, quand on les fond au feu.

Le champ-levé des émaux byzantins est du domaine de la ciselure. On dessine la plaque ou l'objet, soit or, argent ou cuivre rouge, et l'on champlève aux outils coupants, toutes ces sortes de cases où seront posées les couleurs : on a bien soin des petits filets séparateurs dont j'ai parlé, et de ne pas les entamer, parce qu'en émaillant, les couleurs couleraient les unes dans les autres.

Si vous habitez Paris et que vous ayez à champ-lever ce genre de travail dont le Moyen âge s'est beaucoup servi pour orner les châsses, etc., allez faire une visite au Musée de Cluny, qui est riche en pièces de mérite, ainsi qu'à celui du Louvre, qui l'est encore davantage.

Ayant plusieurs fois champ-levé pour émaux, je dois dire que, selon la matière ou la surface, la profondeur du champ-levé présente des différences. Pour les petites choses, ces profondeurs sont toutes au-dessous d'un millimètre ; pour des objets plus grands, comme des portes de tabernacle, le champ-levé n'est que légèrement plus profond.

En tout ceci, l'émailleur est pour beaucoup, et il n'est pas mauvais, ainsi que je le faisais les premières fois, de le consulter auparavant. Je puis cependant dire tout de suite qu'on fait rarement des grands morceaux, le feu décontournant quelquefois les plaques.

CHAMP-LEVÉ A L'EAU-FORTE

Un moyen excellent est de champ-lever à l'eau-forte étendue d'un peu d'eau ordinaire. Cependant, si l'on faisait des restaurations, comme les anciens du Moyen âge champ-levaient à l'outil coupant, ce dernier donnerait au travail un petit caractère qui lui est particulier, et il vaudrait peut-être mieux se servir de ce moyen.

Pour champ-lever à l'eau-forte, on passe la plaque ou la pièce au vernis de graveur ; on choisit pour cela le vernis qui est dur comme de la résine, on le met dans un morceau de soie, on chauffe la plaque en dessous en la tenant avec des pinces, et l'on tamponne bien avec le vernis lié dans la soie, de la façon dont on vend les vessies de couleurs pour la peinture. La plaque étant vernie, vous la passez le côté du vernis sur une flamme fumante, une chandelle à la rigueur, mais, mieux, sur une petite bougie de cire jaune, la fumée s'incorpore au vernis et lui transmet sa coloration noire, et vous laissez refroidir.

Vous avez fait un dessin exactement de la grandeur que vous voulez reproduire, vous le calquez avec une sorte de papier légèrement épais, transparent, ressemblant à un composé de colle de poisson. On vend ce papier à Paris, chez tous les marchands qui fournissent les graveurs.

Mais avant, je dois dire qu'il faut au préalable *avoir renversé son dessin*, et que c'est sur cette inversion qu'on décalque avec le papier dont je viens de parler.

On ne calque pas avec un crayon, mais avec une pointe fine, le plus souvent une aiguille emmanchée ; ce trait à la pointe a une très faible profondeur, on y passe de la poudre de sanguine, qui est rouge, ainsi qu'on sait ; l'on essuie les dessus, de façon, autant que possible, qu'il n'en reste que dans les traits faits par la pointe.

Ce calque ainsi préparé doit alors être posé sur la plaque, à l'endroit exact qu'il doit occuper. Cela fait, on le fixe bien par les coins avec de la cire, etc., etc. Il est bien entendu que le côté sanguiné du papier est celui qui doit toucher au vernis ; c'est pour cela que *pour émail*, il faut renverser le dessin.

Le calque bien fixé, on le frotte sur le dos avec un ébauchoir, habituellement avec une sorte de brunissoir : la sanguine ou, autrement dit, le dessin se trouve ainsi transmis sur le vernis noir ; vous enlevez le papier d'un côté seulement, pour bien vous assurer que tout a marqué ; si tout y est, vous l'enlevez définitivement, vous repassez le trait rouge à la pointe fine qui doit, elle, traverser la couche de vernis jusqu'au métal ; vous enlevez ensuite le vernis au grattoir, à la pointe, sur toutes les places que vous voulez creuser ou champ-lever, ne laissant du vernis que sur les filets et les endroits que vous voulez conserver. Cela fait, vous bordez la plaque avec de la cire pour empêcher le liquide, que vous allez mettre, de déborder, et vous versez de l'eau-forte dessus que vous laissez une, deux, trois, quatre, cinq minutes, selon la force de l'acide, selon la profondeur que vous voulez obtenir.

Pour le cuivre, il vaut mieux que l'eau-forte soit un peu étendue d'eau, je parle ici d'acide azotique à 40 degrés ; pour l'acide plus fort, il en faudrait davantage.

Ce travail n'est pas nouveau, puisque c'est le moyen employé dans la gravure à l'eau-forte ; mais l'artiste qui me l'a appris avait un moyen excellent pour arrêter où il voulait la profondeur du rongé : il prenait plusieurs petits morceaux du même cuivre qu'il vernissait, et dont il enlevait le vernis à un endroit : sur ces petits morceaux il versait de l'eau-forte en même temps que sur sa plaque ; l'opération, se passant en tout point dans les mêmes conditions, au bout de deux minutes, il passait l'un des petits morceaux dans l'eau propre pour le rincer ; si le gravé n'était pas assez profond, il laissait continuer un instant, après quoi il regardait un second petit morceau, et ainsi de suite par intervalle, jusqu'à ce qu'il eût assez de profondeur, il rinçait alors sa grande plaque dans l'eau, et la chose était terminée, sauf quelques petites retouches.

On peut champ-lever l'argent comme il vient d'être dit et également avec de l'eau-forte.

On peut même champ-lever l'or ; seulement, au lieu d'eau-forte, il faudrait se servir d'une eau régale composée de :

Acide azotique . . . . . . 1 (eau-forte).
Acide chlorhydrique . . . 4 (esprit de sel).

Quand on a champ-levé à l'acide sur l'or ou l'argent, on doit conserver l'eau qui a rongé ; l'or ou l'argent rongés sont à l'état d'oxydes dans le liquide, quoiqu'ils n'y paraissent pas.

En fabrication d'orfèvrerie d'église pour les petits émaux se répétant beaucoup, on grave une matrice et on les estampe dessus. Il serait peut-être mieux de dire qu'on grave un poinçon exactement comme doit être la pièce champ-levée ; ce poinçon on le trempe et on l'*enfonce* au balancier dans une matrice, laquelle, *après essai*, est trempée à son tour et sert à estamper autant de plaques qu'on en désire.

CHAPITRE XXXV

Ciselure du fer, de l'acier. — Origine en France. — Champ-levé, repoussé. — Armures. — Portes de la galerie d'Apollon au Louvre. — Recuits. — Décapage.

Sur les champs de bataille, au Moyen âge, abstraction faite du courage, c'était à la force du bras et à la bonté de l'arme qu'était remis le succès de l'action : *ma bonne, ma loyale épée*, etc. ; à la largeur des entailles de part et d'autre ; on comprit, l'antiquité aidant, qu'en se bardant de fer on atténuerait les coups de l'adversaire. La liberté, l'honneur, la vie des nations, des partis et des particuliers étant en jeu, amenèrent ces recherches fortes et minutieuses, sur le grand art que le maître d'armes de M. Jourdain, dans Molière, résume si laconiquement à deux choses : « *Donner et ne point recevoir.* »

A cette époque toujours guerroyante, où la France n'ayant pas encore trouvé son unité, s'égorgeait province contre province, on fit pourtant de grandes choses ; on affranchit la patrie de l'étranger ; mais les extrêmes se touchent : le grand législateur a voulu que la chaîne et l'épée soient du même métal !

Le fer avait fait ses preuves ; il dut les recommencer encore ! La hache gauloise et l'épée du Moyen âge refoulèrent l'Anglais jusque dans son île !

La force, le courage étaient des dons naturels ; quant à l'armure, il fallut l'inventer et la fabriquer dans des rapports avec le genre de combat. Aussi, tout ce qui nous reste de cette première période est-il fort, solide, lourd à étonner.

Ce ne fut que plus tard, lorsqu'on fut moins pressé par les événements, qu'on perfectionna les choses au point où on les voit au musée d'artillerie de Paris, où l'on a réuni une grande quantité d'armes et d'armures de tout genre, quelquefois gravées, champ-levées, repoussées et damasquinées. Puis, les tournois, ces sortes d'études guerrières, et le luxe qu'on y déployait, amenèrent en très haute considération les armes offensives et défensives.

Paris est riche en fer ciselé : le musée d'artillerie, celui de Cluny, des collections d'amateurs, les armures des rois au Louvre, où sont aussi les portes de la galerie d'Apollon en fer forgé, champ-levé, repoussé. Puis un peu partout, épées, dagues, éperons de chevalerie, anciens coffres, serrureries en tout genre, etc.

On ne repoussa guère qu'aux xve et xvie siècles sur les cuirasses, les casques, les boucliers ; et la belle armure de Henri II, au Louvre (1), est le spécimen en repoussé de ce que l'on fit de mieux et de plus ouvragé en ce genre ; elle est repoussée dans tout le luxe du xvie siècle, et en la considérant comme ciselure pour entrer dans notre sujet, je dirai que c'est un travail dessiné en dessus, relevé à l'outil d'en dessous, mis en ciment et ciselé en tout point, ainsi qu'il est dit à l'article *des repoussés bas-reliefs*. Les brassards et les cuissards se démontent et ont permis de même que pour la poitrine, le dos, le hausse-col, et le bouclier, de pouvoir repousser partout à la main sans l'intervention de la ressing. J'en dis autant pour le casque, le hausse-col et les brassards d'une autre armure ayant également appartenu à Henri II : ils sont repoussés un peu plus haut-de-bosse que dans la précédente armure, mais avec une fierté d'allure dont on ne rencontre pas souvent d'exemple. Pour les casques, voyez *ressing*. J'ai cependant vu des casques dont les côtés latéraux étaient réunis à l'endroit du cimier.

Les cuirasses, les casques, les boucliers étaient faits les uns en fer, d'autres en acier trempé ; la

____

(1) C'est dans cette armure, dit-on, que Henri II reçut dans l'œil, à un tournois, le coup de lance qui causa sa mort.

lime n'y peut mordre que péniblement : je ne pense pas que les cuirasses d'apparat, celles qui sont ordinairement les plus ouvragées, celles enfin qui sont repoussées, soient des pièces en acier trempé; je n'ai pu m'en assurer par moi-même, malgré mon désir; mais sur des cuirasses champ-levées, gravées, j'ai vu moi-même que la lime n'y mordait pas.

Le travail champ-levé des cuirasses, des casques, etc., de toute la vieille serrurerie, est fait à l'outil coupant, chassé par le marteau. Le gravé est souvent fait de même; mais cependant, à partir du xvie siècle, une partie des gravés sont des rongés à l'eau-forte, avec des épargnes au vernis, comme il est dit à l'article *du champ-levé des émaux byzantins.*

PORTES DE LA GALERIE D'APOLLON, AU LOUVRE

Un morceau dont je dois ici m'occuper tout spécialement, parce qu'il en résume beaucoup d'autres, ce sont les portes de fer de la galerie d'Apollon, au Louvre. Ces portes, ainsi que je l'ai dit plus haut, sont forgées, champ-levées et repoussées.

Le forgé est une chose trop connue pour que j'aie à m'en expliquer. Je viens de dire comment étaient champ-levées les anciennes serrureries, reste à dire comment et la manière dont on s'y est pris pour les parties repoussées de ces portes, ces parties étant celles qui embarrassent le plus ceux qui voudraient reproduire ce genre de travail. Toutes les parties repoussées sont coquillées (voyez du *Repoussé ronde-bosse*). Il y a bien encore des champions, quand même, de l'art ancien, amateurs exclusifs, qui préfèrent, sans raison valable, dire qu'elles ont été faites par des moyens perdus. Je répète qu'elles sont coquillées; l'ont-elles été dans des matrices? Il y a plus d'un endroit qui me porte à le croire. Toujours est-il que dans les places qui l'ont permis, les grandes feuilles faisant rinceau sont brasées sur la côte, par la propriété qu'a le fer de se souder à lui-même. Mais dans plus d'un endroit (et ils sont nombreux), les deux côtés de la feuille ne sont que réunis par des rivets les fixant à la tige, laquelle tige, de la grosseur du doigt, s'enroule en volute. Dans les endroits embarrassants et où la feuille de métal forgé n'a pas permis de tout fournir, certains bouts de feuilles d'ornement sont rapportés par brasure et le plus souvent rivés à froid.

Le génie de ce travail a été surtout, et c'est en cela que son auteur, l'artiste qui a fait ces portes, a réussi, de cacher la naissance des attaches sur la tige, par la recouverture de feuilles sur ces premières attaches, lesquelles, étant bien dissimulées, font croire à certaines personnes que c'est une chose produite d'un seul jet.

DU FER

Les fers doux sont les meilleurs pour repousser. Le fer est doux quand il ne contient pas ou peu de manganèse, de soufre, d'arsenic, de charbon, de silice, etc.

Pour avoir du beau repoussé sur fer, il faudrait produire ce qu'on nomme du fer de laboratoire. Pour cela, il faudrait dissoudre par l'eau régale ou l'acide azotique, précipiter les matières étrangères, refondre ensuite ce fer épuré dans un creuset, en le couvrant bien avec de la glaise, pour qu'il soit à l'abri de l'air, et surtout à l'abri du charbon. Une fois fondu, on laisse refroidir doucement, puis ce culot obtenu est ensuite forgé en le faisant chauffer en dehors du contact et de l'action du charbon, c'est-à-dire qu'il faut le faire rougir dans une sorte de poterie assez grande pour le contenir, le préserver, en chauffant, de l'air et du feu de charbon, même de bois.

Les tôles douces, dites décapées, ne sont pas mauvaises pour repousser quand on n'a pas un trop haut relief à obtenir. En fait, moins les fers contiennent de corps étrangers, plus ils sont ductiles et malléables.

DE L'ACIER

L'acier est un produit de l'art ; il n'a point été, jusqu'à présent, trouvé à l'état naturel. Tous les aciers sont faits avec du fer ; les aciers dits naturels, acier d'Allemagne, sont obtenus avec de la fonte. L'action qui transforme le fer et la fonte en acier se nomme *cémentation*.

La cémentation consiste à faire recuire pendant plusieurs jours, à une température élevée, à peu près à celle de la fusion du cuivre, des barres de fer dans des sortes de caisses, lesquelles barres sont garnies, par couches alternatives, d'une préparation charbonneuse qu'on nomme *cément*. Thenard dit : « Que le cément que l'on emploie le plus « ordinairement est formé d'un mélange de char- « bon pulvérisé, de suie, de cendre et de sel ma- « rin, et que le charbon animal passe pour être « meilleur que le charbon végétal (1) ».

Un essai auquel j'ai souvent regretté de ne pouvoir me livrer, en raison de tout ce qu'il faut pour cela, consisterait à cémenter un travail de ciselure fait sur plaque de fer doux ; à pouvoir me rendre un compte exact de ce que le travail ciselé pourrait perdre par cette opération ; car si le travail

(1) Voyez, pour les fers et aciers, les ouvrages de Réaumur, Thénard, Vauquelin et de MM. Dumas et Pelouze.

n'y perdait pas, on conçoit alors tout ce qu'on pourrait produire en acier.

Un préjugé enraciné consiste à croire à la supériorité des anciens sur nous dans l'art de champlever, repousser et ciseler le fer. J'ose répondre à cela, qu'à aucune époque, dans aucun pays, personne n'a ciselé le fer d'un travail aussi délicat que celui des modernes. Les fusils de luxe et autres armes, etc., composés et ciselés à Paris pour l'exposition universelle, prouvent victorieusement ce que je viens de dire. J'en appelle aux véritables connaisseurs qui les ont vus.

DES RECUITS

On doit autant que possible recuire les pièces de fer et d'acier ciselés, le repoussé surtout, à l'abri des flammes du charbon et de la houille; cette dernière, notamment, contient du soufre et rend le métal cassant et aigre. Un four en briques chauffé en dessous est ce qu'il y a, je crois, de préférable.

Les eaux à dérocher doivent ne contenir que peu d'acide, et pour en donner un exemple, je citerai le décapage des fils de fer dans les fabriques, où il s'opère avec de l'eau contenant 1/240 de son volume d'acide sulfurique.

CHAPITRE XXXVI

Du plomb comme ciselé

—

Le plomb ne s'altérant pas, ou très peu à l'air, a fourni dans les monuments du Moyen âge la matière à certaines figures d'anges ou autres, posées au sommet de nos clochers, etc. C'est un travail de repoussé, à cause du poids lourd qui en résulterait si c'était en fondu : ces sortes de figures sont garnies d'armatures de fer à l'intérieur pour plus de solidité. Bien qu'à présent ces objets figurés soient un travail de plombier, sauf la forme dont le modelé est du ressort du sculpteur, il n'est pas, malgré leur rareté, inutile qu'un ciseleur sache que c'est de son domaine, et que sur un autre genre de travail ou sur celui-là même, il peut être appelé à procéder sur du plomb.

Le plomb est d'un travail facile, il se plane lorsqu'il est mince, même avec des maillets de buis, soit dans un creux, soit sur un sac de sable; c'est dire qu'il est d'une malléabilité très douce et d'une complaisance si parfaite parmi les métaux, qu'on en fait ce qu'on veut.

La plus grande partie de ce qui a été fait l'a été de coquillé, autrement dit, pour une figure ronde-bosse, on a coquillé la partie de devant, puis celle du dos, qui ont été réunies ensuite sur les côtés par la soudure de plombier au moyen du fer à souder.

Le plomb (sans alliage) ne se récrouissant pas ou presque pas, n'a aucun besoin d'être recuit; je crois même qu'on ne le pourrait guère sans risquer de le fondre. Il empâte les rifloirs, mais les grattoirs font merveille.

Je crains d'être long, et cependant si le lecteur est sculpteur, j'aurais quelques observations d'un autre ordre à lui faire. Exposé à l'air, le plomb n'est pas longtemps à prendre un ton noirâtre assez semblable, à peu de chose près, à celui des ardoises de nos toits. Si vos figures ne sont pas détachées en silhouette sur le ciel, comme l'ange du toit de la Sainte-Chapelle à Paris, vous aurez une chose sans valeur de modelé, mais on ne se rendra même pas compte des contours de ces figures.

Les rondes-bosses *plaquées* en plomb sont d'un effet nul, vu à grande distance; et c'est facile à comprendre : l'ombre et la couleur locale (noirâtre) étant du même ton, et la sculpture n'ayant justement de valeur que par les oppositions d'ombre et de lumière, à distance, on n'obtient qu'une masse noire, mais rien qui révèle la forme. Les anges adossés au bas de la flèche de la Sainte-Chapelle sont juste dans les conditions dont je veux parler, qu'on doit chercher à éviter, sauf les raisons d'architecture.

CHAPITRE XXXVII

Du dessin à la ciselure

—

Si voulez devenir fort, *dessinez*. C'est, je crois, Benvenuto Cellini qui a dit : « On n'exécute jamais mal quand on dessine bien. »

Il n'y a pas moyen de composer sans le dessin. Un artiste ne prend sa place dans la grande phalange artistique, qu'à la condition d'être lui. L'amoindrissement de la ciselure dans l'opinion tient surtout à cela, qu'au lieu d'être elle, les modernes spécialistes, gens de main seulement, en ont fait le plus souvent une très humble vassale de la sculpture qui nettoie et pare celle-ci, comme une femme de chambre pare sa maîtresse.

Les ciseleurs modernes n'ont pas assez senti cela ; nos devanciers comprenaient la chose autrement, aussi n'ont-ils pas, comme nous, livré leur réputation artistique et ses conséquences aux fabricants, aux orfèvres, aux sculpteurs ; ils étaient eux.

L'absence de dessin produit chez nous le plagiat (1). On se traîne trop sur la pensée et la forme des autres. Quantité de ceux qui sont le plus en réputation ne sont que des pillards adroits, arrachant sans pudeur un feuillet par-ci, un feuillet par-là, avec lesquels *ils composent une œuvre* ressemblant à la culotte d'Arlequin, et qu'ils cousent avec du fil plus ou moins fin, qui, seul, leur appartient; c'est là toute leur dépense d'invention et d'imagination. Je ne veux pas, à ce sujet, citer de noms, ni *des grands morceaux*, ce manuel n'étant pas un terrain propre à établir une controverse.

Le sculpteur sans dessin procède de même, et je connais de grandes réputations qui ne reposent pas sur le plus mince objet à elles appartenant.

Dessinez, composez, ne pillez pas. « Cherchez et vous trouverez. » Ce sera difficile d'abord, mais ça le deviendra moins en pratiquant; et si vous persévérez, il arrivera un instant où vous parlerez cette langue des hommes forts dans les arts : le dessin; car le dessin n'est pas autre chose qu'une langue : on peut conjuguer un verbe sur un bras, sur une forme quelconque, s'apprendre à voir autrement que toujours à un temps de profil. C'est la

(1) Ce que je dis pour nous est bien pire encore à l'étranger, où l'exposition de Londres (1851) a révélé des lignes entières de produits surmoulés sur nos modèles français, que j'ai vus et reconnus.

conjugaison de la forme qui a fait la force de Michel-Ange.

En sculpture, l'artiste tel ou tel, si renommé et dont on admire tant les travaux, n'est qu'un plagiaire qui a pris toutes les phrases de *son œuvre* dans le travail des autres. Si un écrivain en eût fait autant, qu'il eût puisé aussi textuellement dans Corneille, Montesquieu, Bossuet ou Rousseau, il y aurait deux cents littérateurs qui, le lendemain, lui auraient indiqué les pages où il a pris ce qu'il aurait eu l'effronterie de signer.

Mais ce qui ne peut se faire impunément en littérature, même avec les écrits des anciens, se fait en sculpture, aux applaudissements des compères et des ignares, qui ne connaissent pas plus les œuvres qui les ont précédés, que les Chinois ne connaissent celles de Rossini.

L'infériorité de la ciselure est là, c'est son côté faible.

On croit avoir tout fait lorsqu'on a bien poncé un morceau ; erreur : il faut nous-mêmes jeter la forme et la pensée dans la circulation, au lieu de lécher celle des autres ; et comment le faire sans le dessin ? c'est vouloir parler une langue sans les mots qui la composent ; c'est dans le dessin que sont le vocabulaire et la grammaire de la forme et du sentiment ; vouloir marcher sans lui, c'est vouloir ne rien faire de beau, de bon et de durable.

On cisèle comme une poule cherche des grains

dans de petites pierres pour se nourrir ; et encore, dessinez et ne perdez pas votre temps à *fignoler* longuement vos dessins, n'usez pas à cela dix fois le temps qu'il faudrait pour faire la chose ; ne vous imaginez pas que c'est la parcimonie, la propreté excessive de l'écriture qui fait l'écrivain : c'est la pensée, la forme.

Il en est de même dans le dessin ; ne confondez pas le trait avec la place qu'il doit occuper, pour que la forme soit juste ; emparez-vous de la phrase, autrement dit, de l'ensemble de la forme, de son mouvement ; ne vous inquiétez pas d'abord s'il y a des points sur tous les I, vous le verrez bien après ; pas de timidité, mais de la verve, de l'esprit, du sentiment, de l'énergie là où il en faut.

Figurez-vous que vous racontez quelque chose : l'on rit, l'on pleure, et il y a du mouvement selon le sujet. Le dessin n'est pas autre chose qu'une langue, je le répète, et on semble trop l'ignorer : dessiner, c'est raconter avec un crayon.

Les hommes les plus forts dans les arts ne se sont élevés à la réputation, qu'appuyés sur le dessin. Ceux qui ont eu le génie de se créer une originalité, sont les grands orateurs de la langue. Michel-Ange en a dit avec la pointe du crayon autant que Bossuet avec les lèvres.

Je regarde l'ignorance comme une maladie ; étudiez donc pour vous guérir. Je suis convaincu qu'une méthode, un système, ne saurait, en médecine, convenir à tous les tempéraments et à tous les individus ; mais cela est encore plus vrai dans les arts qu'en médecine. Puis l'art relève peut-être encore plus du sentiment que de la science ; mais en présence de cette lutte perpétuelle où se croisent sans cesse l'affirmation et la négation, que faire ? analyser le sentiment : je l'ai essayé, et le résultat pour moi a été qu'il est indéfinissable. Les choses de sentiment naissent des appréciations mûries par la réflexion, le cœur, l'instruction, le tempérament. Dans une grande forêt, vous ne trouverez pas deux arbres de même espèce qui aient branché exactement de même, et cependant, c'est le même terrain, le même soleil.

J'ai vu des prétendues écoles, où l'on fait perdre un temps précieux à de pauvres enfants, à copier une tête hachure par hachure, et qui sortent de là aussi habiles qu'ils étaient entrés, lorsqu'ils ne le sont pas moins encore ; et que cela ne semble pas un paradoxe : je préférerais toujours avoir un élève ne sachant rien, à un élève qu'il faut débarbouiller de mauvais principes. Toute méthode ne procédant pas de l'ensemble aux détails, est une mauvaise méthode ; ne procédez jamais des détails à l'ensemble. D'une petite chose isolée à l'œuvre entière, la différence est si grande, que souvent une première erreur en fait commettre une infinité d'autres,

En dessin, une des plus importantes études à faire sur un sujet, est de lui donner surtout *le caractère qu'il exige*. J'ai frémi un instant, il y a quelques années, que les niaiseries à la Pompéi ne vinssent substituer leur style à notre art de penser moderne.

CHAPITRE XXXVIII

De quelques raisons anatomiques

—

L'anatomie est une rude étude à laquelle les artistes forts ont dû de connaître l'orthographe de
la forme humaine, qu'on me pardonne le mot. La
base de l'anatomie étant la charpente osseuse, c'est
par la connaissance exacte du squelette, les différences de celui de l'homme et de la femme, leurs
proportions respectives et relatives, qu'on doit
commencer avant de s'occuper des muscles.

Ce qu'un artiste doit surtout étudier en ostéolo-
gie, indépendamment des proportions, c'est le jeu
des articulations principales ; par exemple, celle de
l'humérus dans la tête de l'omoplate ; le jeu du
grand trochanter, os faisant partie du fémur et
s'emboîtant au bas de la hanche nommée bassin,
et aussi os des îles ; l'articulation du genou et le
jeu de la rotule en cet endroit ; puis la partie inférieure du tibia, auquel est adjoint extérieurement
dans toute sa longueur un petit os nommé péroné ;

deux os auxquels s'attache le pied par une articulation qui permet de le tourner à volonté ; les emmanchements des poignets, carpe et métacarpe, et surtout le jeu des os que l'on nomme radius et cubitus qui, tous deux, partent du coude pour se rendre à la main, et donnent à la forme de l'avant-bras une disposition toute particulière, suivant que le creux de la main fait face au ciel (supination) ou à la terre (pronation) ; le mouvement général des vertèbres, etc.

La phrénologie ou mieux la craniologie est aussi une bonne étude, elle sert à fixer dans la mémoire la différence des formes du crâne et apporte une grande lumière sur la diversité des races.

L'étude des muscles qui font mouvoir la charpente osseuse, est une étude difficile, en raison des matériaux mêmes qui servent à composer les traités d'anatomie (dits) *à l'usage des artistes*. En effet, tous ces traités ne sont guère remplis que des noms de muscles et de la description des particularités que présente l'insertion de ces mêmes muscles. C'est bien quelque chose, sans doute ; mais on est encore bien loin de la vérité anatomique pour un artiste : j'entends l'action.

Comme je me suis beaucoup occupé du sujet que je traite en ce moment, je pose en fait que le grand écorché de Houdon a causé la déplorable défection dans laquelle était tombée l'école de l'empire, Louis David en tête. C'est de cette étude, mal comprise, qu'est sorti le style dit académique, posant, mais n'agissant pas. La gloire de Géricault est d'avoir surtout rompu ouvertement avec ce qu'on nommait alors les saines traditions.

Ce n'est ni Tortebat, ni Salvage qui fit un magnifique traité de l'anatomie *du gladiateur*, qu'il étudia scrupuleusement pendant vingt ans; ni *le cadavre* même, qui peuvent renseigner l'artiste, le diriger dans les exigences si variées de la forme, en raison des natures diverses.

L'œuvre de Salvage est un savant traité qui donne la loi du mouvement chez le gladiateur; mais si vous avez un mouvement tout différent, à quoi cette étude sert-elle?

Le but de la science des muscles dans les arts, c'est la vie dans l'action; or, sur un cadavre, on trouve bien les attaches, mais ce déplacement de la forme par l'action et la réaction des muscles, un cadavre ne saurait le donner, c'est une étude sur être vivant, qu'on ne peut faire sur un cadavre, qui est une chose morte. On veut qu'un artiste et un médecin soient dans les mêmes conditions d'étude; c'est une erreur, ce dernier n'a pas la forme à reproduire. Le grand traité, si vanté, d'Albinus et tant d'autres décalqués dessus sont également impuissants pour guider un artiste dans la science des formes qu'affecte le mouvement ou que produit la contractilité. Que l'on se serve de ces traités pour apprendre les nomenclatures, les attaches, et se dégrossir sur la connaissance du squelette, rien de mieux, mais ils n'en peuvent donner davantage.

Pour mon compte, après deux ans d'ardeur stérile, rendue telle par les contradictions et les choses nulles, je me suis aperçu que je faisais fausse route, que j'acquérais la science morte, mais non celle que je voulais, celle de la vie, et j'allai en conséquence l'étudier où elle était.

La meilleure école a été pour moi les bains de rivière, à Paris, pendant l'été. La gymnastique, les culbutes, les sauts des baigneurs de toute nature, m'en apprirent plus en deux étés que ne m'en auraient appris dix ans d'amphithéâtre. Dans les bains peu chers, ceux à dix centimes, par exemple, à certaines heures, on fait baigner les militaires, j'avais toutes les évolutions du mouvement sur trois ou quatre cents sujets choisis. J'y pris beaucoup de notes, avec le dessin, sur la forme des muscles, dans leurs degrés d'activité ; je les compléterai peut-être et les publierai un jour.

J'indique ici la marche que je crois la meilleure, la seule qui me semble mener à bien. Le but étant de rendre la vie, ne croyez pas l'atteindre en le cherchant dans la mort. Je sais bien qu'on a l'habitude de dire : « Le modèle me donnera ça ». Essayez de rendre un de ces gigantesques combats aériens d'archanges révoltés, décrits par Milton, et vous verrez ce que le modèle vous donnera ; si vous pouvez vous élever ? J'ai plusieurs fois essayé de faire un Christ mourant, et je n'ai jamais pu trouver dans les modèles un individu devant lequel je puisse dire : *Ecce homo*. Au sublime de la forme, il faudrait joindre l'intelligence du sujet ; il y a largement de la place pour tout le génie d'un grand comédien. Les modèles à trois francs la séance sont-ils dans ces conditions ?

Cherchez donc, si c'est votre intention d'arriver au sublime par la route des hommes forts, l'*improvisation* ; la mémoire aide l'imagination, et cette dernière est seule capable de conduire et guider la forme dans les hautes régions de la pensée.

CHAPITRE XXXIX

Des expressions

Si vous modelez, ou dans tout autre travail,
cherchez les expressions dans la nature ; vous aurez
ainsi la vérité de première main. Faites des efforts,
tâchez d'acquérir la puissance de sauter par-dessus
les conventions, tout en restant noble et naturel.
Et quand vous aurez de l'acquit, ne vous laissez
faire la loi, lier, ni garrotter par aucune école. Faites
tous vos efforts pour être vous-même, car il n'y a
de véritable succès qu'à cette condition.

En douteriez-vous ? Regardez sous vos yeux
même, et dans la peinture, les artistes qui se sont
le plus distingués ou qui marquent encore : Poussin
n'a suivi d'autre route que son propre sentiment ;
Boucher ne voulut pas faire comme Lebrun, ni
Vien comme Boucher ; Louis David fit autrement
que Vien, son maître ; Gros, Géricault, Prudhon,
ne voulurent pas faire comme David ; Horace Ver-
net voit autrement ; Delacroix, Decamps, Robert

Fleury, Couture, etc., sont des hommes qui ont protesté contre les règles soi-disant absolues des écoles qui les avaient précédés, et ont répondu par la meilleure, la seule réponse valable dans les arts, la production de leur originalité. Il en sera toujours de même, et nulle puissance humaine n'est capable d'immobiliser l'art, heureusement! Mais revenons aux expressions. Le grandiose, c'est la noblesse dans toute son ampleur. L'exagération mène à la forfanterie.

L'énergie, dans les arts, n'est souvent que l'exagération bien dissimulée.

Ne prenez pas la forfanterie qui pose pour de la grandeur, ne vous y trompez pas ; la première est toujours ridicule, la seconde est toujours simple.

Le grand livre de la nature vous est ouvert, cherchez dedans ce qui vous convient ; il est inépuisable ; en matière d'étude, il n'a pas de dernier feuillet, et tout ce que vous puiserez dedans vous appartient sans plagiat. Commentez ; ce qui donne la science, ce n'est pas le temps ; c'est la méditation.

Vous trouverez dans la nature des expressions qui ne se décrivent pas. Je me souviens, étant enfant, d'avoir vu fusiller un pauvre soldat. Une rivalité avec son sergent, pour une femme, l'avait conduit à cette catastrophe ; j'étais à trente pas de lui. Un vieux sergent s'avança pour lui bander les yeux ; il ne voulut pas, il commanda le feu lui-même. Il fit tout cela avec dignité, sans forfanterie, avec une voix mâle, assurée : *peloton, apprêtez…* *armes !* Dans un immense et rapide coup d'œil, il dit adieu à la nature, à ses amis, à…, cria : *joue, feu !* Il était mort. Cette suprême expression d'adieu à tout ce qui l'environne, par un homme plein de vie et de courage, il y a vingt ans de cela, je la vois encore, je crois la comprendre, mais je ne saurais la décrire.

On cherche la vérité, et on va l'étudier dans les musées, dans les reproductions ; mais allez plutôt à la source : la nature fourmille de choses de sentiment, tous les genres sont dans son grand livre ouvert à tous. Observez, cherchez à rendre vos observations ; tout l'art est là, il en a pour tous les goûts.

Dans un village, je vis, un jour, sur le bord d'une mare ou d'un petit étang, une poule à qui l'on avait fait couver des œufs de cane, qu'on avait substitués aux siens. Cette pauvre mère ou demi-mère sortait pour la première fois avec sa nombreuse famille, dont elle paraissait ne pouvoir comprendre les allures, les instincts. Mais ce fut bien pis, lorsqu'arrivée au bord de l'eau, la turbulente couvée eut la révélation de sa nature barbotante, et en un instant se mit à nager aux yeux de la poule éperdue, pauvre mère, qui, avec une vigilance unique, les rappelait, leur criait sans doute : « Voulez-vous venir ici ! », courait, voletait, mettait les pattes dans l'eau pour aller les chercher, revenait et se désolait. J'en fus ému, et à l'aide de petites pierres, je fis rebrousser chemin aux mutins, et lorsqu'ils furent rendus à la sollicitude de cette tendre mère, je regrettai que le bon La Fontaine ne fût pas là pour me traduire tout ce qu'elle leur avait dit, tout ce que son amour, son étonnement avaient pu lui suggérer d'avis, de tendres appels ou de menaces ; mais à défaut de connaissance de son langage, ses gestes, ses expressions m'en firent bien douter.

Tout cela se résume à dire : cherchez vos expressions dans la nature.

Il est bien sous-entendu que l'expression ne réside pas seulement dans la tranquillité ou la contraction des traits du visage.

L'attitude d'une mère voilée, pleurant sur la tombe de son enfant, est une expression.

J'entends, à ma manière, qu'il faut chercher l'expression de l'action, dans le caractère de l'attitude d'abord, dans le jeu de la physionomie ensuite, et renforcer le tout par l'harmonie ou le contraste des accessoires, suivant le sujet.

CHAPITRE XL

Des draperies

En sculpture, en ciselure, toutes les draperies ont un caractère différent, qui est celui de l'étoffe que l'on veut représenter : ils varient de la laine, à la soie, le coton, la toile de chanvre, de lin, etc., etc., puis encore, en raison des styles. Le grec, le Moyen âge, la Renaissance, le Louis XV, etc., drapent d'une façon qui leur est particulière, indépendamment des étoffes, et je parle ici de la manière de grouper les plis. On doit, en raison de ce que l'on fait, tenir un très grand compte des temps, des lieux, des diverses natures d'étoffes et des styles.

Il y a aussi à considérer les draperies flottantes. puis celles portant immédiatement sur les nus ; les Grecs manequinaient souvent à la draperie mouillée pour mieux faire sentir les dessous.

On doit examiner les rapports ou plutôt les différences qu'il y a entre les draperies d'une même

figure : la tunique de lin, par exemple, et le man-
teau de laine.

En ciselure, c'est l'ébauche à l'outil surtout qui
donne la souplesse et la fermeté du pli, le rifloir
n'est qu'un auxiliaire. Une draperie bien entendue
ne doit jamais être traitée sèchement, avec les fonds
de plis et les dessus à angles vifs partout ; j'en ex-
cepte cependant certaines figures de style gothique,
lorsqu'on fait des imitations. Quand on reproduit
de la gaze, on doit chercher à la rendre légère, et
si j'osais, je dirais transparente.

Il ne faut pas croire que l'art de draper soit sans
importance : c'est une chose qui demande beaucoup d'étude. La plus grande partie de la majesté
d'une figure est quelquefois empruntée à l'ampleur,
à la noblesse du drapé. Rachel et beaucoup de co-
médiens avant elle le savaient bien.

L'un des côtés importants de l'art de la ciselure,
c'est d'ennoblir, mais simplement, et ne pas croire
qu'on a ennobli, parce qu'on a maniéré de telle ou
telle façon, à la grecque ou autrement. La noblesse
n'est pas une chose d'école, mais doit être bien
plutôt un rapport de convenance avec le sujet.
Chaque sujet étant la représentation de faits et de
caractères différents, il est ridicule de vouloir tout
grecquer ; et là surtout est la cause de ce que nous
avons peu de sculpture nationale, quoi qu'en disent certains critiques ou artistes.

Ce qu'il faut à l'artiste, c'est l'espace libre, j'entends la liberté d'interpréter son sujet, si celui-ci le permet, en dehors de l'*antique* influence. Il est bien entendu que ce que je viens de dire ne s'applique plus quand il s'agit de finir ou de réparer un monument ou un objet quelconque qui doit l'être dans le style même dans lequel il a été commencé ou exécuté.

CHAPITRE XLI

De la forme

———

C'est dans la forme, dans sa disposition, que réside le style. L'exécution de la forme, c'est le modelé. Un ciseleur qui veut arriver à être lui-même, doit modeler ; il n'y a pas de forme possible sans cela. Un ciseleur qui ne sait pas modeler, est comme un oiseau sans ailes ; il peut sautiller, mais ne s'élèvera jamais.

En sculpture, *forme*, *style*, *modelé*, sont trois synonymes, qui doivent bien moins être une affaire de mode qu'une ressemblance dans les termes de la description avec la nature du sujet.

CHAPITRE XLII

Des animaux

—

Les animaux se traitent de plusieurs manières, et on ne doit rien changer aux animaux héraldiques des blasons, à moins de choses demandées ; on leur ravirait leur cachet d'ancienneté, ce à quoi tiennent le plus les particuliers, les cantons, les villes, les provinces, les nations.

Les chimères, les griffons, les mascarons, etc., et tous les animaux d'invention, sont, suivant la place qu'ils occupent, des choses que l'on peut traiter librement, ou auxquelles on doit conserver le style qui a été donné par la description ou la tradition.

Indépendamment des blasons héraldiques, il y a les styles ; par exemple, les lions du style Louis XIV ont une manière qui leur est propre ; ils sont *perruqués* à la mode du temps.

Les anciens ont aussi traité les animaux à leur manière, soit comme race, soit comme parti pris ;

on doit en tenir compte, lorsqu'on fait quelque chose correspondant à une époque, à un pays, le sphinx égyptien, par exemple.

La production moderne est indépendante et tend directement à imiter la nature. Les animaux si variés des Barrye, des Fratin, des Mène, des Rouillard, des Fremiet, etc., ne sauraient être réparés autrement qu'ils ont été conçus, c'est-à-dire avec ampleur. N'abusez pas du traçoir, ne découpez pas en petites parties de larges masses de poils qui, dans l'intention du sculpteur, ont leur raison d'être ; ne séchez pas où vous touchez. Pas d'abus de fignolages à l'outil, au mat surtout. Laissez à chacun le caractère qu'il a voulu donner à sa sculpture. Si l'artiste a cherché à paraître sauvage, ne le *bichonnez* pas. Quand vous réparez ces sortes de bronzes, si c'est un modèle, consultez, si vous le pouvez, le sculpteur sur certaines choses qui vous embarrasseraient ; ne craignez pas de le déranger un instant, il vous en saura plus gré que d'assommer sa sculpture et de changer son intention ou son effet.

Dans les petits travaux, on abuse des détails ; ainsi on répare le poil un à un avec des outils rayés faisant office d'un double ou triple traçoir droit ; je ne connais rien de plus laid, de plus monotone, qu'un chien poilé ainsi. Conservez, au contraire, les grandes et les petites différences de l'exécution du modèle. Il n'y a qu'un ignorant qui croit chanter un air en poussant toujours la même note sur le même ton. Conservez la vérité à l'action des muscles, et ne les séchez pas en croyant les rendre plus énergiques. De l'unité toujours, mais ne confondez pas avec la monotonie.

La plume des ailes d'anges ou des oiseaux ne doit pas être traitée sèchement, toujours avec des traçoirs et encore des traçoirs. Le travail de plume doit être produit avec des ciselets rayés, mais grassement. N'abusez pas du réveillé, en croyant donner de la vie : l'abus appauvrit. On nomme réveillé, certains petits coups destinés à rompre la monotonie de la barbe, de la plume, etc., mais qui deviennent eux-mêmes monotones lorsqu'ils sont trop répétés dans la même valeur.

Quand on cisèle de la plume, que l'on a bien ébauché des ailes, on doit, avant de passer l'outil, donner un coup de rifloir doux sur le travers de tous les bords, afin de faire tomber les petites bavures. La plume étant posée comme les écailles de poissons, se recouvrant, on doit commencer par celles de dessous, afin de les coucher les unes sur les autres jusqu'à la dernière de dessus.

CHAPITRE XLIII

De l'étau. — Des mâchoires de plomb

DE L'ÉTAU

L'étau du ciseleur n'est pas à pattes fixes, comme celui du forgeron ; la pointe de sa partie inférieure lui sert de pivot ; au-dessous de la vis, il est fixé à l'établi par des collets qui font l'office de charnière et lui permettent de tourner sur son centre. On rend cette articulation immobile ou mobile, en serrant ou desserrant les vis du collet. On doit mettre sous le pivot de l'étau un corps dur (un morceau de fer de préférence), de façon qu'il porte bien et soit monté d'aplomb. Il est bon, lorsqu'on achète un étau, de le choisir haut de mâchoires, de 16 à 20 centimètres à partir de la vis au sommet de ses pinces. Les étaux bas ouvrent moins et ne permettent pas d'y entrer des morceaux un peu gros ou à contours quelquefois gênants.

Il ne faut pas oublier, en plaçant un étau, que

le ciseleur, tenant son ciselet de la main gauche, ne doit pas avoir la main devant son jour; il doit avoir le bras droit du côté de la croisée ou de la lumière.

Si vous vous tenez debout, les deux pieds rapprochés, sans raideur ni mollesse, et que vous mettiez votre poing fermé sous votre menton, votre coude sera à la hauteur à laquelle devra être posé votre étau; c'est la plus favorable.

Il est plus important qu'on ne le pense qu'un étau ne soit posé ni trop haut, ni trop bas. Que de fatigues, à la fin de la journée, qui ne viennent souvent que de cette circonstance. Quand le travail est entenaillé (le morceau serré dans l'étau), il rehausse encore, et quelquefois plus qu'on ne voudrait, car on n'entenaille pas toujours comme on veut, mais comme on peut d'abord, puis ensuite, en raison de la commodité, enfin, eu égard à la très grande attention qu'on doit toujours avoir de ne pas changer le galbe des pièces en les serrant à faux, ou en les serrant de trop inutilement.

En général, la ciselure n'a pas besoin d'une grande force dans les choses ordinaires. Evitez donc de faire comme ces maladroits, qui serrent des statuettes (assez fortes même) dans un étau de quelque puissance, et aplatissent la poitrine, décontournent les membres en les soumettant à une pression superflue. Un étau trop haut force pour s'élever, à tenir la colonne vertébrale très tendue, fait lever les bras et gêne la respiration, ce qui est très pénible, et, de plus, fatigue considérablement les jambes. On n'est pas assez grand, et on veut se grandir; on se tient sur les pointes des pieds; c'est alors les muscles des mollets (gémeaux, le solaire) qui portent tout le poids du corps, et l'on est bientôt rompu.

Règle générale, n'ayez pas votre étau trop haut, ou mettez, au besoin, des planches sous vos pieds.

N'ayez pas non plus un étau trop bas, vous auriez le dos voûté toute la journée, ou plutôt des journées entières. La tête se fatigue et la poitrine se trouve trop pliée, ce qui, non seulement n'est pas hygiénique, mais très *échinant*, pour parler la langue du métier. En écartant les jambes, cela vous fait naturellement tenir plus bas vous-même, mais ce ne peut être qu'une ressource passagère : cette position deviendrait bientôt aussi fatigante que celle que vous voudriez éviter.

La vis de l'étau doit être graissée de temps en temps : quand elle est brillante, c'est qu'elle en a besoin. On se sert de saindoux qu'on introduit dans la boîte de la vis. On doit, pour la conserver, couvrir aussi la vis d'un morceau de cuir, afin d'empêcher le sable de fondeur qui reste à l'intérieur des pièces, de tomber sur elle, lequel sable, mêlé à la graisse, fait un rodage très nuisible, puisqu'il use et la vis et le taraud de la boîte.

DES MACHOIRES DE PLOMB

Les mâchoires de plomb sont trop connues pour avoir besoin de dire qu'elles ont pour but de s'interposer entre la pièce serrée et les mâchoires d'acier de l'étau, afin que ces dernières ne marquent pas leurs dents sur la pièce entaillée. On vend des

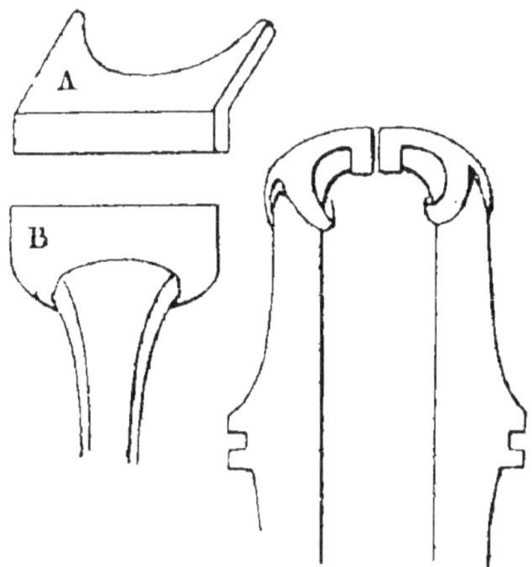

Fig. 28. Mâchoires de plomb pour l'étau.

A aspect de la mâchoire non posée.
B mâchoire posée à l'étau, vue de face.
C mâchoires vues de profil.

mâchoires et des moules à les fondre chez tous les gros quincailliers. Si vous les fondez vous-même, ajoutez au plomb un peu de zinc pour qu'elles ne soient pas trop molles (Voyez fig. 28).

On doit à l'étau rifler debout.

CHAPITRE XLIV

Préparation, taille, retaille et trempe
des rifloirs

—

PRÉPARATION

Il y a beaucoup d'avantage à faire ses rifloirs
soi-même, et à leur donner surtout la grosseur et
la forme que le travail exige; et c'est avec raison
que généralement on commence les élèves par la
préparation et la taille des rifloirs.

Il est important de prendre du bon acier; l'acier
fondu est moins cher par le bon usage qu'il fait,
que les aciers forgés de provenance douteuse.

L'acier doit avoir le grain fin, et en examinant
un bout cassé, celui qui se déchire en cassant est
plus résistant et a plus de corps que celui qui casse
net comme un verre à vitre.

Vous trouverez chez les quincailliers des aciers
de toute grosseur, depuis trois millimètres jusqu'à

un, deux et trois centimètres carrés et méplats, c'est une affaire de prix proportionnels.

Les aciers méplats sont préférables pour rifloirs aux aciers corroyés carrés, cependant on se sert des uns et des autres.

Je dois dire que je rejette entièrement l'acier d'Allemagne, dit acier naturel, qui n'est pas assez homogène, et comme en somme ce n'est que de la fonte de fer plus ou moins décarburée, il n'acquiert pas assez de dureté à la trempe et présente souvent des parties à peine aciérées. Je le répète, prenez du bon acier fondu.

Avant de limer l'acier, quand même il serait neuf et par conséquent n'aurait jamais été trempé, il est bon de le faire recuire un peu (il est quelquefois récroui). Ce travail consiste à l'introduire un moment dans le feu, jusqu'à ce qu'il soit rouge tendre (rose), puis à le laisser refroidir lentement, couvert de cendres chaudes.

Pour chauffer, tremper, détremper l'acier, le charbon de bois est toujours préférable au charbon de terre (Ce dernier contient du soufre).

La forme des rifloirs se donne à la lime, en ayant bien soin pour les rifloirs à adoucir, qui sont d'une taille plus fine, de les préparer assez doux et de ne pas laisser de carrés, ni des traits de lime dure. On les adoucit avec une lime douce et on peut encore les passer au papier émeri. Le dégrossi de la forme se fait en serrant l'acier dans l'étau, mais pour la terminer, on met un morceau de bois dans l'étau ; on y fait une coche, on tient son acier de la main gauche appuyé sur le bois dans la coche, et on lime jusqu'à satisfaction.

Je ne saurais indiquer toutes les variétés de formes qu'affectent les rifloirs et qu'exigent la variété de formes du travail. C'est cette dernière qui vous l'apprendra. Néanmoins, je ferai connaître ici les formes les plus en usage.

Bouts ronds. — Ils ont la forme du bout du doigt appuyé et non appuyé.

Langue de chat. — Ainsi appelée à cause de sa ressemblance avec la langue de cet animal.

Coutelles. — Ils ont la forme des lames de couteaux, mais à dos rond et épais pour soutenir l'acier.

Haricot. — Cette forme sert dans les têtes de plis et certains fonds ; il y a des ciseleurs qui s'en servent beaucoup, d'autres qui ne s'en servent jamais. On en fait beaucoup usage dans les creux.

Bouts relevés. — De toutes les formes rondes et méplates. Les formes ci-dessus servent pour la figure et l'ornement (Voyez fig. 29).

On fait encore dans un autre ordre des rifloirs à dresser des plates-bandes, etc., ce sont des rifloirs plats comme une lime, et que l'on cambre au feu après ou avant la taille ; en laissant, si nécessité est, les deux épaisseurs ou une seulement, non taillées ou taillées, ainsi que cela se fait pour les limes plates.

Il est bien entendu que si l'on avait à dresser l'intérieur d'un cercle par exemple, le rifloir ne saurait être droit dans sa longueur, il ne porterait que sur les bouts, il faudrait donc le cambrer jusqu'à ce qu'il épouse la forme à dresser.

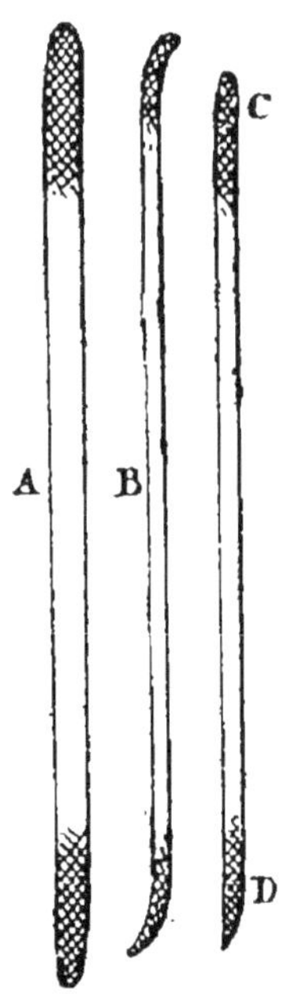

Fig. 29.   Rifloirs.

A langue de chat.
B bouts relevés.
C haricot.
D coutelle.

Les rifloirs à dresser des plates-bandes étroites se taillent ordinairement sur l'épaisseur d'acier méplat. Que l'on prépare sous un angle en sifflet, ou, si vous aimez mieux, l'angle d'ajustage d'un cadre carré (45 degrés), cette disposition facilite la main à les tenir. Dans ces sortes de rifloirs, la longueur de la taille est souvent subordonnée à la difficulté des endroits que l'on a à dresser, 3 à 4 centimètres suffisent ordinairement, à moins de grandes choses ; dans ce cas, on cambre une lime au feu. Mais si la plate-bande était courte et bornée des deux bouts (ce qui arrive souvent) et que votre rifloir fût long de taille, vous ne pourriez plus alors faire action de va-et-vient pour rifler. Du reste, quand on prépare un rifloir pour un endroit spécial, avant de tailler, essayez bien si *la forme fait l'affaire.*

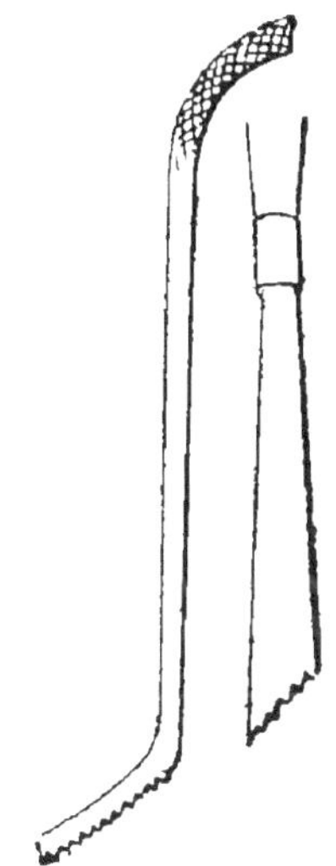

Fig. 30.   Rifloirs à dresser les gorges des baguettes, des plates-bandes.

On se sert beaucoup de ces sortes de rifloirs pour les matrices de fonte et pour les creux à couler la cristallerie, et comme dans l'un et l'autre travail, les plates-bandes sont en creux (vu l'inversion), elles exigent le plus souvent que les rifloirs qui les dresseront ne soient pas plus larges qu'elles, l'excédent gênerait, détruirait même les bords (Voyez fig. 30).

Tout ce que je viens de dire pour les rifloirs à plates-bandes, est également applicable pour les gorges, moulures, mi-joues, baguettes, etc., etc., soit en creux, soit en relief.

TAILLE

Arrivons maintenant à la taille.

On taille les rifloirs avec un ciseau, en les serrant à l'étau, et en faisant porter l'endroit où l'on taille sur un coin de plomb. On a essayé plusieurs petits moyens que l'expérience n'a pas adoptés, par l'habitude que l'on a de se servir de l'étau.

Il faut, pour tailler les rifloirs, cinq choses, à savoir : un étau, un coin de plomb, un ciseau, un marteau, une corde longue à peu près de deux mètres et dont les deux bouts sont noués ensemble.

Tout le monde sait ce que c'est qu'un étau. Le coin de plomb est un coin aigu qui sert à appuyer le rifloir dessus, à le bien faire porter (Voyez fig. 31). Il doit avoir à peu près 5 centimètres de longueur, 2 à 3 centimètres de largeur et au talon 2 à 3 centimètres d'épaisseur. On plante un clou à tête au milieu du talon, ou mieux encore on y met une petite vis à tête, parce qu'elle tient mieux qu'un clou ; la tête, soit du clou ou de la vis, doit dépasser de 1 à 2 centimètres. Sa fonction est de porter la corde, ainsi que je vais le dire dans un instant.

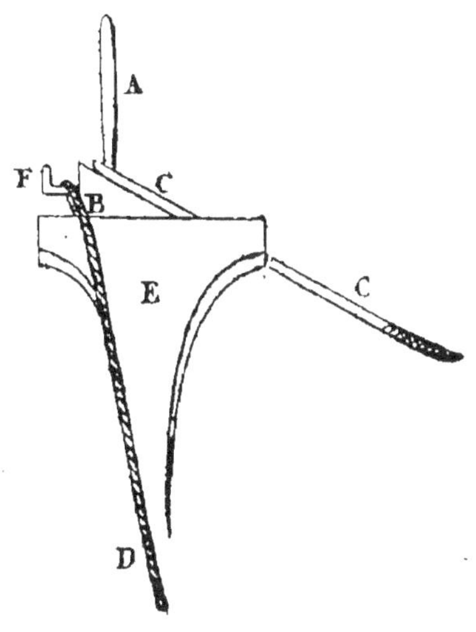

Fig. 31.   Taille des rifloirs.

A position verticale du ciseau.
B coin de plomb.
C rifloir serré à l'étau, le bout sur le coin.
D corde sur laquelle on met le pied.
F petit piton ou vis posé dans le coin de plomb
      pour fixer la corde.
E mâchoire de l'étau.

Les ciseaux à tailler doivent être d'acier fondu, bien trempés, ils ne doivent pas être trop longs (9 centimètres) de corps, parce qu'ils fouettent (fouetter veut dire qu'ils *vibrent* sous le marteau).

La tête du ciseau doit être très étroite, le coup du marteau porte mieux (d'aplomb).

L'affûtage du ciseau ne doit être ni trop aigu ni trop obtus ; obtus n'est pas le mot, mais il se dit pour les ciseaux trop camards. Un ciseau aigu convient mieux pour tailler les petits rifloirs. On doit les entretenir bien affûtés, et s'assurer de temps en temps s'ils sont bien dans les conditions de dureté suffisante, s'ils ne s'émoussent pas. On fait revenir jaune-paille un ciseau qui s'égrène, parce qu'il est trempé trop sec (Voyez *des outils coupants*). Mais un ciseau qui s'émousse est trop tendre, il n'y a pas d'autre remède que de le tremper de nouveau et plus dur (plus chaud qu'il ne l'a été).

J'ai connu des ciseleurs qui ont fait usage, et moi-même je me suis longtemps servi, de limes à pivot, d'horloger, des limes usées, qui, affûtées en ciseau sur la meule et en diminuant un peu le côté de la tête, sont d'un excellent usage et résistent très bien. Mais quand on a du bon acier et que l'on a l'habitude de tremper, on fait aussi des ciseaux qui résistent parfaitement.

Le marteau du ciseleur est suffisant pour frapper sur le ciseau. Je dirai même que pour les petits rifloirs, et pour les doux, il ne faut pas frapper fort.

La corde doit être de la grosseur à peu près d'un tuyau de plume à écrire. J'ai dit plus haut, en la nommant, qu'elle devait avoir la longueur de

2 mètres à peu près, les deux bouts noués ensemble.

Quand on est muni de tous ces objets, on s'asseoit ayant à sa gauche son étau, on serre et desserre de la main gauche. On met le coin de plomb sur l'étau, puis l'on serre le corps du rifloir, de manière que le bout à tailler porte bien franchement sur le plomb, la pointe du rifloir surtout; on passe la corde sur le clou (ou vis) au talon du plomb (voyez fig. 31), et l'on met le pied sur la corde, et si elle est trop longue, nouez-la plus courte. La corde a pour but d'empêcher le coin de plomb de reculer en frappant.

Tout le monde sait aussi ce que c'est qu'une lime, un rifloir n'est pas autre chose.

On doit commencer à tailler, à partir de la pointe et en venant sur soi, et poser la première taille en biais partout avant de la croiser. On appuie le ciseau contre la bavache que le coup précédent vient de faire, et cela jusqu'à la longueur que vous voulez, entre 3 et 4 centimètres ordinairement.

On doit apporter son attention à ce que les coups de marteau aient la même valeur, autrement, les coups frappés plus fort relevant davantage la taille, sont un défaut dans un rifloir; autant que possible, les grains doivent être égaux et réguliers.

Nous avons dit qu'on commence de la pointe en venant sur soi, on nomme cela la première rangée; soignez-la bien, les autres dépendent beaucoup de celle-ci : puis de la pointe, on reprend une rangée à côté de la première, en ayant soin autant que possible de les unir, de façon que ces deux rangées aient l'air de n'en faire qu'une seule : cela s'obtient en rentrant l'un des coins du ciseau dans la première rangée pour procéder à la deuxième, et ainsi de suite pour faire le tour du rifloir, et en remarquant bien qu'il faut frapper un peu plus fort, dans les endroits un peu méplats où le ciseau en prend davantage que sur les angles du rifloir.

La seconde taille, celle qui croise la première, ne se fait que lorsque la première est terminée partout ; elle doit avoir la profondeur de l'autre, mais en réalité il faut frapper moins fort pour l'obtenir.

On doit éviter que les tailles soient d'équerre avec les côtés du rifloir, elles doivent être en biais ; regardez les limes, et je dis même que cela est plus nécessaire que dans les limes. Une taille biaise à gauche, l'autre biaise à droite.

Pour mon compte, je n'ai pas de préférence pour commencer la première taille, plutôt à gauche qu'à droite ; je dis cela, parce que je n'ai jamais compris qu'il pût y avoir de la différence, lorsque les tailles sont bien également enfoncées.

Lorsque vous ne connaissez pas encore bien le tempérament de votre ciseau, regardez-le de temps en temps, s'il ne s'émousse pas, s'il n'est pas égrené, s'il n'a pas besoin d'être affûté.

Ne frappez pas trop fort pour les petits rifloirs,

je le répète, parce que c'est important; il y a des ciseleurs qui les coupent par autant de coups de profondeurs inutiles : ces rifloirs cassent au premier engagement, et c'est facile à comprendre quand la trempe y a passé.

On s'explique tout seul que les rifloirs doux ne doivent pas être frappés aussi fort que les durs et que les rifloirs bâtards.

On doit avoir plusieurs ciseaux à tailler, quelques-uns pour les petits rifloirs ne doivent pas être trop larges ni trop épais d'acier du côté de l'affûtage, l'épaisseur masque la taille; puis, ils sont trop longs à affûter.

Bien que la taille soit une affaire où l'œil joue un grand rôle, c'est aussi beaucoup une chose du toucher; les camarades que j'ai connus, taillant le mieux, le faisaient facilement, l'œil se reposait presque sur le tact de la main, le ciseau s'appuyant contre la bavache du coup précédent, faisait, la régularité des coups de marteau aidant, de beaux et bons rifloirs; et ce que je dis de la main est si vrai, qu'il m'est arrivé de questionner avec intention des tailleurs de limes, qui me répondaient et me regardaient tout en travaillant.

Evitez que vos rifloirs aient des clairs. On nomme *clairs* les endroits non taillés, des absences quelquefois de un, deux coups de ciseau.

Les rifloirs cambrés, et ceux dits *bouts relevés*, se taillent droits, puis on les fait rougir au feu, et avec un maillet de bois, on les cambre sur un morceau de bois, mis à l'avance dans l'étau ; cela doit se faire vivement, du reste, et n'est pas difficile.

On doit bien éviter, tant qu'un rifloir n'est pas trempé, de le laisser en contact avec les autres ou avec un corps dur quelconque. Il est d'usage, lorsqu'on a taillé un bout de rifloir (comme on en taille aux deux bouts de l'acier ordinairement), il est d'usage, dis-je, de les envelopper d'un bout de papier, à mesure qu'ils sont faits, et cela pour éviter tout choc qui gâterait la taille. Une autre précaution consiste à mettre une carte ou un petit morceau de papier sur le plomb à l'endroit où porte le rifloir, et cela pour l'empêcher de s'empâter de plomb. Quand le plomb est déformé, on le frappe de quelques bons coups de marteau, et il revient neuf à l'instant.

Si vous vous servez d'un coin de plomb, comme il a été dit, votre ciseau doit être tenu bien d'aplomb, c'est-à-dire vertical.

On fait des rifloirs très petits pour les bijoux d'art, où l'on a souvent des figures dont les masques n'ont pas plus de 2 millimètres.

Dans les grosses choses, des statues équestres, par exemple, beaucoup plus grandes que nature, on fait des rifloirs larges de deux doigts ; mais on se sert beaucoup de limes, soit cambrées au feu (et retrempées), comme il a été dit pour les bouts relevés, soit à l'état naturel.

La longueur ordinaire des aciers de rifloir est quelque chose comme de **28** à **32** centimètres ; les petits sont tenus plus courts.

Lorsque les rifloirs sont usés, qu'ils *ne mordent plus*, comme on dit, on les détrempe ; l'on efface bien à la lime les traces de tailles, sans préjudice de tout ce qui a été dit pour les neufs et leurs préparations, puis on les *retaille* comme s'ils n'avaient jamais été taillés, et on les retrempe. On fait durer quelquefois encore un rifloir qui ne mord plus, en le passant un instant à l'eau-forte et ayant soin de le bien rincer dans l'eau ordinaire avant de s'en servir.

DE LA TREMPE DES RIFLOIRS

Faites rougir au feu votre acier, et lorsqu'il est *rouge-cerise*, trempez-le dans l'eau ; c'est tout. Il est bien entendu que je parle ici de rifloirs en acier fondu.

Je le répète, le charbon de bois est préférable au charbon de terre. Quand vous avez un acier au feu. surveillez-le, surtout si vous soufflez le feu, et ne le laissez pas brûler. On brûle un acier quand on le chauffe à blanc longtemps et inutilement. Un acier fondu chauffé à blanc et trempé ainsi, fait une mauvaise trempe. Il n'est pas beaucoup plus dur, ainsi que quelques savants l'ont écrit, mais il n'a plus de corps, est très fragile, s'égrène facilement; ce qui, en riflant, raie quelquefois le travail; puis, le moins du monde qu'il est engagé à faux, il casse net; s'il tombe, il casse; si vous appuyez, il casse. Il est certain qu'une chaleur élevée fait une trempe plus dure que trempé au rouge-brun; mais il ne faut pas exagérer cette chaleur au delà des limites raisonnables, et il y a de la différence entre chauffer et brûler.

Si vous avez beaucoup d'outils à tremper, ne trempez pas les derniers dans de l'eau trop chaude; renouvelez-la en totalité ou en partie. On voit souvent, dans les ateliers, des rifloirs casser où commence la taille : c'est presque toujours parce qu'ils ont été trempés net juste à l'endroit où ils ont cassé.

On ne doit jamais tremper un rifloir de cette manière : on doit le plonger 2 ou 3 centimètres plus haut que la taille, puis le relever vivement, jusqu'à ce que l'eau soit à un petit centimètre de la taille, et jusqu'à ce qu'il soit presque refroidi, lui faire sentir l'eau sur la longueur d'un centimètre, en l'abaissant, le relevant. Il est aisé de comprendre que la chaleur qui reste au rifloir fait *revenir* l'excédent trempé, qui se trouve être remis immédiatement hors de l'eau, et que la séparation entre le trempé et le non trempé a été considérablement modifiée dans la longueur de ce centimètre, qui est, lui, moitié trempé, moitié revenu, et que,

comme tel, il ne saurait être cassant comme lorsqu'il est trempé sec en deçà, non trempé au delà
d'un millimètre.

Si vous trempez au-dessous de la chaleur indiquée, votre outil ne sera pas dur; pour s'en assurer,
on *le tâte* avec une lime (mais jamais sur les bouts
du rifloir); s'il se lime, il faut le retremper, et plus
chaud que vous ne l'aviez fait.

Tous les aciers ne prennent pas également la
trempe à la même chaleur, c'est pour cela encore
que je recommande les aciers fondus. Les petits
rifloirs se trempent de la même manière que les
autres; on doit bien plus encore que pour les gros,
éviter de les brûler. Quand ils sont très petits, on
peut les chauffer, les rougir sur une lampe à l'esprit-de-vin. On doit aussi avoir soin que l'eau ne
soit pas trop distante du feu, pour que l'acier n'ait
pas le temps de refroidir dans le trajet.

Les trempes à l'huile sont plus tendres que les
trempes à l'eau, et ne conviennent pas pour rifloir,
où la dureté est une qualité essentielle. Pour les
rifloirs à faire les matrices de fonte de fer dures,
la trempe au mercure donne plus de dureté que
celle à l'eau, mais généralement l'eau ordinaire est
suffisante. Il est bien entendu, ainsi que je l'ai dit
en commençant, que je parle ici trempe d'acier
fondu et rifloir seulement.

Que toutes les précautions que je viens d'énumé-
rer ne vous semblent pas futiles ; le travail est un

combat dont l'outil est l'arme, et il est important que l'arme ne s'émousse ni ne se brise dans vos mains. Un mauvais outil, dans les ateliers, est nommé dédaigneusement : *un clou, une pioche*.

CHAPITRE XLV

Des outils dits de chic; moyens de les faire soi-même

—

Les outils dits *de chic* sont des ciselets qui tantôt se traînent à la façon des mâts, mais le plus souvent se frappent net.

Dans les figures fondues, on se sert d'outils de *chic* pour frapper la différence des cottes-de-mailles par exemple. On a quelquefois en cette occasion deux ou trois outils, l'un fait la maille, le second l'entre-deux (de la maille), un troisième sert à la border.

L'outil *de chic* est presque toujours un outil fait exprès pour l'endroit où l'on comprend sa nécessité : il y.a des ciseleurs très adroits pour faire et poser ces sortes d'outils.

L'on s'en sert beaucoup pour les imitations de choses nature, pour la peau de serpent, alors que celui-ci est bien préparé, ébauché. On se fait deux ou trois grosseurs d'outils faisant l'écaille en creux du serpent, et on les imprime écaille par écaille *en commençant par la queue*, parce que les écailles viennent ainsi se recouvrir, ce qui n'aurait pas lieu si vous commenciez par le côté de la tête (1).

On fabrique ainsi des outils qui font toutes les différentes espèces de poils d'animaux, des sortes de traçoirs, puis au travail on additionne quelques coups par-ci, par-là, et on modifie ce que l'on trouve être de trop.

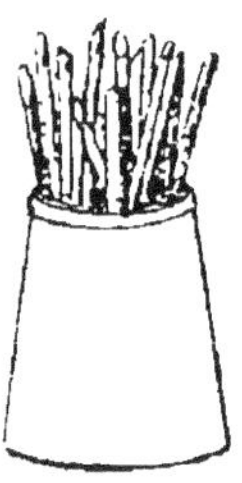

Fig. 32.   Boîte en fer-blanc, sorte de grand godet dans lequel on met les ciselets, le bout de l'outil en l'air. On a ordinairement plusieurs boîtes, une pour les outils coupants, une pour les outils clairs, une pour les mâts, les traçoirs, etc. Tous les bouts se trouvant réunis sous l'œil, quand on cherche un outil, on sait de suite où le prendre.

On fait aussi avec plusieurs outils les peaux de grenouilles, de crapauds, les carapaces d'écrevisses, de homards, les crabes, les petits lézards ; les légumes faisant boutons de couvercle ou d'ornements d'orfèvrerie de table, repoussés et fondus,

(1) Voyez les marteaux des portes de la Monnaie, à Paris,

certains coups dans des fleurs, fruits, les écailles
de truites, brochets, etc., etc., qui, d'ordinaire dans
les grands services, sont sur le couvercle des plats
et servent en même temps que d'ornement à indiquer la nature des mets, par des poissons d'argent,
du gibier, etc., etc., tout cela ciselé le plus souvent avec des outils de *chic*.

Presque tous les outils d'imitation exigent beaucoup d'observations pour les faire, et une certaine
adresse d'expérience pour les bien poser.

Il y en a, je le répète encore une fois, qu'il faut
traîner, d'autres imprimer seulement.

Généralement, pour faire ces sortes d'outils, il
faut procéder par la voie du tâtonnement.

Dans certaines occasions, si l'on a un modèle
assez résistant, on prend une empreinte avec de la
cire, en ayant soin de la mouiller un peu au
préalable pour qu'elle n'attache pas.

Sur des choses molles, telles que des fleurs
ou des poissons (nature), je coulais un peu de
plâtre qui me faisait un petit creux que j'exami-
nais attentivement et dont je copiais sur un acier
d'outil les parties qu'il me fallait, dans les grandeurs dont j'avais besoin, et en y faisant les modifications ou additions que je jugeais convenable
d'y apporter.

Mais quelquefois l'on n'a pas besoin de tout cela,
on fait des outils qui *marchent* très bien, et qui
sont faits par la simple inspection de ce que l'on a

à reproduire : de ce nombre sont les outils pour faire des nervures de feuilles, des fonds, ou bords de fleurs, etc., etc.

Il arrive, et pour mon compte il m'est arrivé plus d'une fois, d'être on ne peut mieux servi par le hasard. Dans la casse d'un acier il se trouvait une forme, un *grain*, ce je ne sais quoi des anciens qui faisait mon affaire mieux que je ne l'aurais su faire moi-même.

Il ne faut pas se servir d'outils à formes trop sèches, le détail communiquerait bientôt à l'ensemble de votre travail une apparence de sécheresse toujours laide, parce qu'elle appauvrit la forme du modelé.

Quand vous ciselez, n'abusez pas non plus du même outil.

La nature là où elle semble uniforme a toujours des variantes ; sur le plus gros de tous les chênes on ne peut pas trouver deux feuilles en tous points pareilles. Ne perdez pas cela de vue, la nature en tout agit comme sur la face humaine, *avec des différences pareilles*.

Le génie, dans la variation des nuances, doit être celui du ciseleur. J'ai vu un berger dans les hautes montagnes, qui m'a dit que sur les cinq cents moutons qui paissaient devant moi, il n'y en avait pas un seul qu'il ne connût à sa figure, à sa démarche, ainsi qu'il reconnaissait les gens de son village. Je vous demande bien pardon

de vous dire tout cela, mais craignez d'être monotone.

Si vos outils sont trop secs de forme, quand
vous vous en serez bien assuré, mettez un peu de
ponce écrasée sur du plomb, avec une goutte
d'huile, et frappez au marteau votre outil dessus
un instant, après quoi vous l'essaierez ; s'il est encore trop sec, avisez bien si cela ne tient pas à sa
construction ; s'il n'en est rien, usez-le encore un
peu sur la ponce (sur du grès, on fait aussi quelquefois de bons outils).

Lorsque vous en serez content, trempez-le, ne
faites pas la faute qui se commet souvent, de conserver un outil allant bien, non trempé, pour le
modifier indéfiniment, et tout à coup on s'aperçoit
qu'il est émoussé, déformé, et que les résultats
qu'il donne ne sont plus les mêmes. *Quand votre
outil va bien, trempez-le.*

Les outils à imprimer ne doivent pas être trempés trop sec, en ce cas on les fait revenir jaune-
paille (Voyez *de la trempe*, p. 277).

On fabrique quelquefois de bons outils avec des
coups de gouge, d'agnette, de burins, voire même
d'autres outils ou des aciers cassés frappés sur le
bout, puis on les reprend sur la ponce, ainsi qu'il
est dit plus haut.

J'en ai quelquefois produit de bons en les faisant
un peu ronger par l'eau-forte étendue d'un peu
d'eau.

En un mot, l'outil dit *de chic* est libre de forme, d'allure et n'a pour unique loi que de bien faire *l'affaire*.

CHAPITRE XLVI

De quelques différences entre les outils à repousser et ceux à ciseler le fondu. — Des traçoirs.

La longueur moyenne des ciselets est la même pour ciseler le fondu que le repoussé ; elle varie de 12 à 13 centimètres, mais plutôt 12 : plus longs, les outils vibrent sous les coups de marteau ; plus courts, ils sont incommodes à tenir. Un outil devient court quand il descend au-dessous de 10 centimètres. Dans la partie de table et d'église, pour planer les unis, les plates-bandes, les godrons, etc., on se sert d'outils larges prenant ordinairement d'un coup la largeur, soit de la plate-bande, du godron, etc., mais pour toute autre chose que les *caneaux* (godrons en creux) unis, godrons, les outils de moyenne grosseur du bout font un meilleur travail ; j'entends ici qu'ils permettent de mieux modeler.

Les planoirs unis, soit plats, soit légèrement

bombés, ceux que, dans le langage de l'atelier, on nomme *goutte de suif*, et ceux qui sont creux comme pour planer les godrons, les baguettes, etc., les traçoirs et tous les outils faits à la lime sans addition de mat ou de *chic* sur le bout, sont nommés *outils clairs*. Les *bouterolles* et les *perloirs* sont de ce nombre.

On nomme bouterolles, des outils faisant la demi-boule par le bout comme celui d'un pilon par exemple. On s'en sert pour faire des demi-perles en creux, etc. ; il y a des bouterolles un peu méplates, il y en a d'un peu pointues et des demi-boules.

Le *perloir* est la contre-partie de la bouterolle, il est en concave ce que cette dernière est en convexe ; le perloir, ainsi que l'indique son nom, sert à planer, à arrondir les perles en ciselure.

Il y a encore un outil clair qu'on nomme *bouge*, qui est un outil approchant de la bouterolle par la forme, mais ordinairement plus pointu. On l'enfonce le plus souvent dans les œils des feuilles d'acanthes et objets analogues, et on le modifie suivant la nécessité.

DES TRAÇOIRS

Les *traçoirs*, qui sont des outils clairs, sont faits de plusieurs manières. Le traçoir droit est dans le genre d'un ciseau ne coupant pas, rendu moelleux sur le bout ; on en a de très gras (sans aigu) ; ceux à préparer le repoussé doivent être ainsi. Les traçoirs à faire le genre dit *tracé maté* sont plus minces, mais cependant ne doivent pas couper. Pour les traçoirs à faire le fondu, le principe une fois compris, les exigences de la forme en disent plus que je n'en saurais expliquer. Les traçoirs *demi-ronds* sont pour les qualités du bout dans les mêmes conditions que les droits ; la différence est qu'ils servent à tracer des lignes courbes, de grandes et petites circonférences, et qu'en conséquence s'ils étaient droits, les angles ne permettraient pas de pouvoir tourner. Le traçoir demi-rond est dans la forme de l'ongle coupé franchement et vu par bout. La différence des choses à tracer variant beaucoup, on doit avoir suffisamment de traçoirs pour pouvoir tracer les courbes d'une circonférence qui aurait 30 centimètres et plus de diamètre, et avec des traçoirs assez petits pour tracer le tour des petites perles, etc.

Le traçoir *bateau* sert à tracer dans les endroits concaves, le travers des gorges, etc. Vu sur sa surface méplate, le profil du bout ressemble à la forme extérieure d'un croissant ; il n'est quelquefois relevé que d'un coin, d'où lui vient son nom de bateau. On le tient plus ou moins *bateau*, selon la concavité ou le creux de la pièce que l'on a à tracer. Le traçoir bateau est droit ou demi-rond.

Il y a cependant encore un genre de traçoir que

l'on nomme *outil à corde*, qui est l'inverse du précédent : sa forme, vue à plat, est celle de l'intérieur d'un croissant. Il sert à tracer les cordes d'ornement ou autres, les passementeries, les glands, les épaulettes, etc., des statues ; c'est presque toujours un traçoir droit ; cependant, on en peut faire des demi-ronds quand la nécessité en fait comprendre l'utilité.

Les mâts pour l'ornement fondu, pour le repoussé de table et d'église, sont le plus souvent des outils que l'on achète tout faits à Paris, où des spécialistes se sont emparés de ce genre d'industrie. On se sert cependant beaucoup des outils de chic que l'on fait soi-même, et conformément au travail qu'il s'agit d'exécuter (Voyez *des outils dits de chic*).

Pour la figure, on ne se sert plus, depuis longtemps, d'outils à grains vigoureux, le modelé des chairs, des draperies, de beaucoup d'ornements, des animaux, etc., sont faits avec des outils usés, ne laissant sur le travail qu'une légère trace, soit de grain, soit de rayé, etc.

Tous les ciselets doivent être trempés et revenus, lorsqu'ils ont été trempés trop sec (Voyez, pour cela, le chapitre suivant qui traite des *outils coupants*).

CHAPITRE XLVII

Des outils coupants : ciseaux, gouges, burins, agnettes, grattoirs. — Observations sur leurs formes, sur la manière de les tremper, de les faire revenir, et leur affûtage. — De la nature des pierres à l'huile, et du moyen de les dresser.

OUTILS COUPANTS EN GÉNÉRAL

Les outils coupants doivent être en acier fondu. On en a de toute grosseur et on choisit celle qui est le mieux en rapport avec le genre que l'on veut faire.

Les aciers carrés sont préférables, pour outils coupants, aux aciers méplats. Ayez du bon acier (Voyez le moyen de le reconnaître à l'article *rifloirs*). Il est important que le corps de l'acier ne soit pas mince, de façon à ne pas fouetter (vibrer) dans sa longueur sous les coups de marteau qui le poussent en avant : à cette intention, il n'est pas mauvais de les forger un peu des deux bouts, pour que le milieu de la longueur de l'outil soit un peu plus gros que les extrémités.

La longueur des outils moyens est plus grande que celle des ciselets ; ordinairement, elle est de 17, de 18 à 20 centimètres ; plus longs, ils fouettent ; plus courts, ils sont incommodes à tenir. Cependant, pour le *petit*, on les tient plus courts, mais alors il faut dire aussi qu'on les tient rarement à pleine main comme pour tailler le marbre ; pour ébaucher le petit (fondu), on les tient presque toujours comme un ciselet ordinaire.

DES CISEAUX

Pour tous les outils coupants, voyez figure 33. Il est important que les outils coupants soient un peu plus larges du taillant que l'acier y faisant suite immédiate : il est facile de comprendre qu'ils engagent moins et même pas du tout. Les outils ne s'engagent que lorsque l'acier derrière le taillant est plus large que celui-ci ; à 2 et 3 centimètres du taillant, les angles de l'acier doivent être arrondis, cela y contribuera beaucoup.

Les gouges sont des outils coupants, ronds, ayant la forme d'une demi-baguette. Selon la nécessité, l'on en fait de méplates, tenant le milieu entre le ciseau et la gouge pleinement ronde. Cet outil sert à ébaucher dans les plis des draperies, les ornements, etc.

Le burin est coupant, d'une forme anguleuse, soit un angle obtus, droit, aigu ; on le fait et on le modifie selon la nécessité.

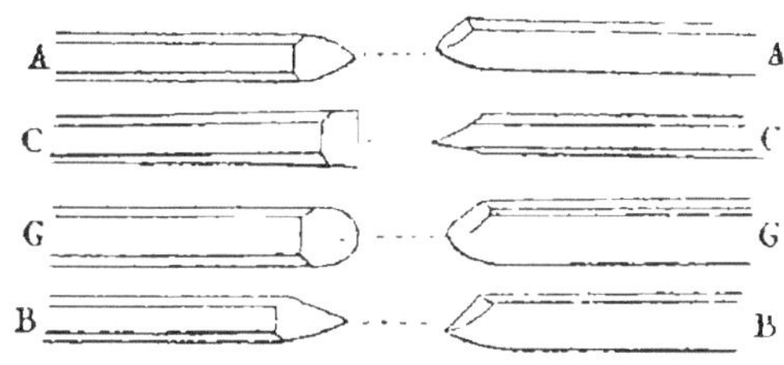

Fig. 33. (Bout taillant) d'outils coupants.

A agnette . . . . A ⎞ les mêmes
C ciseau . . . . C ⎟ vus
G gouge . . . . G ⎟
B burin . . . . B ⎠ de profil.

L'agnette est une sorte de burin gras tenant le milieu entre le burin et la gouge ; l'angle du burin est affûté sur des lignes droites ; les lignes d'angle du coupant des agnettes sont des lignes courbes ogivales, faisant grain d'orge.

Les gouges, les burins, les agnettes doivent, encore plus que le ciseau, être dégagés derrière le taillant, afin de ne pas s'engager dans la matière.

Les *grattoirs* (fig. 34) sont le plus souvent des limes triangles affûtées des trois côtés, lesquels trois angles, se trouvant être vifs et coupants, servent à gratter.

Les ciseleurs de Paris excellent à se servir du grattoir, et dans plus d'une occasion ils le substituent au rifloir, sur lequel il a l'avantage d'*atteindre* plus vivement. On l'affûte presque toujours de manière que les deux angles présentent un relevé (comme le dessous de l'avant d'un bateau). On fait

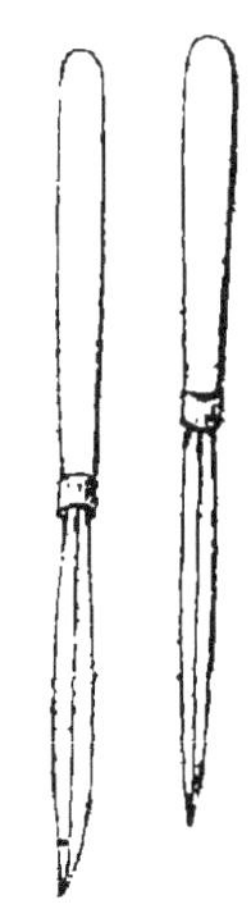

Fig. 34. Grattoirs. Lime triangle usée, affûtée à la meule et à la pierre à huile.

aussi sur acier, et suivant les exigences du travail, des grattoirs correspondant mieux par la forme avec ce que l'on a à faire. Il faut que je dise aussi que tous les outils se préparent de forme à la lime.

Quand les grattoirs sont faits de limes tiers-point, ils se trouvent tout trempés, et on doit chercher à se procurer de bonnes limes usées, que l'on emmanche solidement dans un manche de bois un peu plus long que les manches de limes ordinaires. Mais pour les grattoirs que l'on fait sur acier neuf, de même que pour les outils coupants, il faut les tremper soi-même.

DE LA TREMPE DES OUTILS COUPANTS

De même que pour la trempe des rifloirs, je recommande pour le feu le charbon de bois et non le charbon de terre, ce dernier contient du soufre qui, en brûlant, nuit à l'acier.

Pour tremper, on fait chauffer l'acier jusqu'au rouge cerise et cela du côté coupant seulement (trois centimètres environ), et on le plonge dans l'eau. Les aciers fondus, trempés à une chaleur plus haute (à blanc), font des outils d'un mauvais usage ; ils s'égrènent, parce qu'ils sont trop secs, et quand ils sont trop secs, ils cassent net. Pour y obvier, on les fait *revenir*.

Revenir veut dire modifier, redescendre la dureté de la trempe. Pour faire revenir des outils, il faut d'abord les nettoyer du bout trempé (3 à 4 centimètres). On les nettoie en les passant sur un buffle avec un peu de poudre de ponce, ou encore avec un peu de papier émeri. C'est tout de suite fait ; quand l'acier est devenu clair et a pris sa couleur naturelle, on le chauffe avec des pinces assez fortes, rougies au feu ou sur un morceau de fer rouge, sur la flamme d'une chandelle, mais mieux encore sur celle d'une lampe à esprit-de-

Ciseleur. 16

vin (qui n'enfume pas le nettoyage). On évite d'allumer ainsi du feu quand on n'en a pas. On pose l'acier à 3 ou 4 centimètres du bout taillant sur la flamme, et en un instant, il se produit le phénomène des colorations, sorte de gamme qui ici sert à guider.

Voici comment les choses se passent : si l'on chauffe un acier nettoyé, suivant le degré de chaleur auquel il est soumis, il devient d'abord couleur paille ; un peu plus chaud, il devient jaune ; la chaleur au-dessus est orange foncé ; plus chaud encore, il est violet, et le degré au-dessus bleu ; au-dessus du bleu, il devient noir et il est détrempé, à peu de chose près. On fait revenir les outils coupants couleur paille et on les plonge tout chauds et aussitôt dans l'eau, mais s'ils sont encore cassants et qu'ils s'égrènent, vous les faites cette fois revenir jaune ou même orangé, et ainsi revenus, leur trempe se trouve modifiée à volonté.

Il ne faut jamais faire revenir jusqu'au bleu, c'est trop attendri pour des outils coupants.

Les outils qui s'émoussent sont de mauvais acier ; ou s'ils sont en bon acier, ils n'ont pas été trempés assez chaud, en ce cas, retrempez-les.

L'affûtage des outils se fait sur la meule lorsqu'ils sont trop égrenés et usés, puis sur la pierre à huile, lorsqu'on veut seulement les raviver et les faire couper. On doit affûter fermement, bien

donner à l'outil la forme qu'il doit avoir, la conserver, ne pas la changer, à moins de nécessité.

DES PIERRES A HUILE

Les *pierres à huile* sur lesquelles on affûte sont
de plusieurs natures, et on fait même des *pierres*
factices qui sont composées d'émeri et de ciment.
Il y a en France les pierres dites de Lorraine, mais
de toutes ces pierres, celle que je conseille d'adop-
ter, est la *pierre du Levant*. Il y a en ce genre la
pierre noire et la blonde, puis la grise pâle, qui
toutes ressemblent à du marbre ; les deux dernières sont les meilleures. La noire a des veines dures
qui nuisent à l'affûtage ; dans la grise et la blonde,
il faut encore tomber sur un bon morceau, qui ne
soit ni trop dur ni trop tendre : trop tendre, l'outil
s'enterre dedans, y fait des sortes d'ornières.

Par le bon usage qu'elle fait, une bonne pierre
coûte vingt fois moins cher au bout de l'année par
la promptitude avec laquelle on affûte, qu'une
pierre de mauvaise qualité, n'ayant que l'apparence
du meilleur marché, et sur laquelle on n'affûte
qu'avec peine, je veux dire lentement.

Quand les pierres ont servi longtemps, qu'elles
ne sont plus plates dessus, qu'elles ont des creux,
des trous en tous sens, il devient difficile d'affûter.
On les redresse alors. Pour cela on prend du sable

de grès, on en met sur une dalle avec de l'eau, et on les use en les frottant, jusqu'à ce que les pierres soient redevenues bien planes et que les trous aient disparu. On m'a affirmé qu'avec du grès et de l'eau sur une planche de bois, au lieu de frotter sur une dalle, on atteignait plus rapidement le but.

J'ai oublié de dire que pour huiler les pierres à affûter, on se sert de préférence d'huile de pieds de bœuf, parce qu'elle encrasse moins que les autres.

Quand la pierre devient sale, poisseuse, que l'huile et l'acier usé dessus ont fait une sorte de peinture à l'huile, il devient difficile d'affûter ; on nettoie alors la pierre avec un peu d'essence de térébenthine.

CHAPITRE XLVIII

**Des moyens d'adoucir. — Des poncés. —
Des cardes. — Des gratte-bosses. — De
l'émeri sur papier et en poudre.**

DES ADOUCIS ET DES PONCÉS

Quand un travail est terminé, pour lui donner
plus de fini, plus d'apparence, *plus d'œil*, tuer les
brillants, donner de l'unité de ton, on prend de la
ponce en poudre, que l'on mouille d'un peu d'eau ;
puis, avec un pinceau sans manche, de soies de
sanglier, bien serré, lié d'assez court, on prend de
cette bouillie que l'on frappe dessus la pièce. Le
frotté ne vaut rien ou vaut moins ; il use sans donner la même fermeté.

Pour le pinceau, on doit de préférence se servir
du côté où la soie adhère à la peau de l'animal.

Si l'on avait quelques traits un peu durs de rifloir, on doit les atteindre avec un rifloir doux ou
un morceau de papier émeri. On se sert aussi avec

avantage de petits morceaux de bois blanc taillés au couteau d'une façon favorable à la forme, et avec lesquels on adoucit également avec la même ponce en poudre.

Il m'est arrivé, dans ces derniers temps, d'employer un autre moyen.

On vend à Paris des pierres à huile *du Levant,* qui sont à peu près semblables, pour la grosseur, à des crayons d'ardoise ; j'en affûtai quelques bouts sur du grès, dans les formes propices au travail, puis je les mettais dans des porte-crayon de cuivre, les humectant d'un peu d'huile ou même d'un peu d'eau ; je procédais avec ces pierres, exactement comme si c'eût été des rifloirs, et j'obtenais ainsi un adouci ferme et qui détruit moins la forme que ne le fait, dans certains cas, le papier émeri.

Avec un petit morceau de bois ferme, de la grandeur et de la grosseur d'un corps d'outil ordinaire, et en lui donnant la forme nécessaire, on prend de la poudre de ponce mouillée d'eau, et l'on *tapotte* avec le marteau.

Ce dernier moyen engraisse les endroits secs ; mais il ne faut rien pousser à l'extrême ; vous êtes vous-même juge du moment où il convient d'arrêter, c'est-à-dire où vous avez obtenu ce que vous désirez.

DE LA CARDE

Les cardes dont on se sert à Paris sont ordinairement des cardes qui ont déjà servi, soit pour les draps, la chapellerie ou les cotonnades, etc. Pour ceux qui ne savent pas du tout ce que c'est, je dirai que ce sont de petits fils de fer non recuits, cambrés en forme de fourche sur deux angles droits, et passés dans un cuir de façon à faire une sorte de brosse dont les fils de fer sont les crins.

Avec la carde, en brossant le travail, on n'y ajoute rien, on le fait reluire et c'est tout ; et cela est si vrai, que, dans le langage pittoresque de l'atelier, on nomme l'action de la carde, *un montage de coup*. C'est, du reste, une chose dont on ne se sert que sur des travaux de commerce courants peu payés.

La carde de fer, la carde dure surtout, ne doit pas être employée sur des métaux tendres et d'un travail précieux ; sur l'or et l'argent, par exemple, elle raie.

La carde n'est bonne que pour découvrir après déroché, puis pour faire disparaître la couleur de fonte dans certains endroits et croire qu'on y a touché. Ne vous servez de carde que sur des travaux de bronze dont la dureté d'alliage le permet, ou qui, n'ayant pas de détails de finesse, peuvent la supporter, s'en aider sans inconvénient.

DES GRATTE-BOSSES

La gratte-bosse est de la même famille que la carde, avec cette différence, qu'au lieu d'être montée en brosse, c'est un pinceau, soit de fil de fer, de cuivre jaune ou de cuivre rouge.

Ne vous servez pas de gratte-bosses faites de fils trop gros ; le gratte-bossé devient dur, je veux dire rayé ; celle de fer convient mieux pour les métaux que l'alliage a durcis ou qui sont durs naturellement, l'acier, le fer, par exemple. Celle de laiton (cuivre jaune) vient après comme dureté. Les gratte-bosses en cuivre rouge sont les plus douces; cependant, en aucun cas, il n'en faut user sans nécessité absolue. Il y a des ciseleurs qui trouvent que cela donne du *chic* ; ce que je puis vous assurer, c'est que le *chic*, si *chic* il y a, est dans l'exécution et non dans l'outil. Je dirai plus, c'est que souvent les doreurs, argenteurs, enlèvent toute la finesse d'un travail, par l'abus qu'ils font de la gratte-bosse dure.

Le fil des gratte-bosses, soit fer, laiton ou cuivre rouge, ne doit pas être recuit ; il serait trop mou et perdrait cette fierté qui fait qu'il se redresse aussitôt qu'on n'appuie plus dessus. La grosseur d'une gratte-bosse ordinaire est un peu moindre que celle du petit doigt,

DU PAPIER ÉMERI ET DE L'ÉMERI
EN POUDRE

Sur les bronzes de commerce, les pendules surtout, et pour adoucir en terminant, on passe les
riflés ou grattés au papier émeri ; on les passe au
pouce ou avec un liège taillé, qu'on appuie sur le
revers du papier ; le liège, étant ferme et souple,
épouse la forme sur laquelle on l'appuie et la communique ainsi au papier, et c'est dans cette condition que l'on frotte. Il m'est arrivé de me servir
avec avantage d'un morceau de gutta-percha, pour
remplacer le liège.

Il y a plusieurs degrés de grosseur d'émeri sur
les papiers. Ces degrés sont nommés *numéros*. Le
plus fin est le 00 (double zéro), puis le 0 (zéro), et
ensuite 1, 2, 3, 4, et enfin 5, qui est le plus gros.
Le gros ne vaut rien pour la ciselure, à quelques
exceptions près, le trop fin non plus. Pour le
bronze, on se sert ordinairement du n° 2 et du
n° 1.

Si vous revenez au rifloir après l'émeri, balayez
bien l'endroit auparavant avec un petit pinceau ;
n'en laissez pas, ou gare aux rifloirs, rien ne les
use plus vite.

L'émeri étant, après le diamant, le corps le plus
dur que l'on connaisse, je dirai que sur des creux

de fonte blanche, où les rifloirs étaient usés en un instant, l'émeri, soit sur papier, soit en poudre, avec un peu d'huile et un morceau de bois ferme, m'a rendu de signalés services.

CHAPITRE XLIX

Des boulets

—

Le boulet n'est autre chose qu'un véritable boulet de canon tronqué aux trois quarts et évidé, laissant une épaisseur de 2 centimètres de fonte.

Ce boulet est posé simplement sur un cercle de cuir assez semblable à un gros et épais collier de chien et qui porte le nom de *panonier* (voir figure 35). Pour garnir l'évidé du boulet, afin de donner du poids pour mieux le faire tenir sur son centre, vous faites d'abord chauffer votre boulet et vous le graissez intérieurement afin que le ciment adhère mieux. Vous mettez ensuite des morceaux de fer ou de pierre et vous remplissez ensuite de ciment jusqu'au bord.

Je préconise ce système par économie, car il serait plus simple, pour rendre plus lourd le boulet, de le faire fondre avec 3 ou 4 centimètres d'épaisseur de fonte et de laisser le fond très épais.

On travaille ordinairement sur des boulets pesant de 7, 8 à 15 kilogr., comme l'on n'en rencontre pas toujours à acheter, le plus court est de tourner un bois de la grosseur que l'on désire, le faire évider à la grosseur où l'on veut garder les bords et le faire fondre chez un fondeur en fonte de fer.

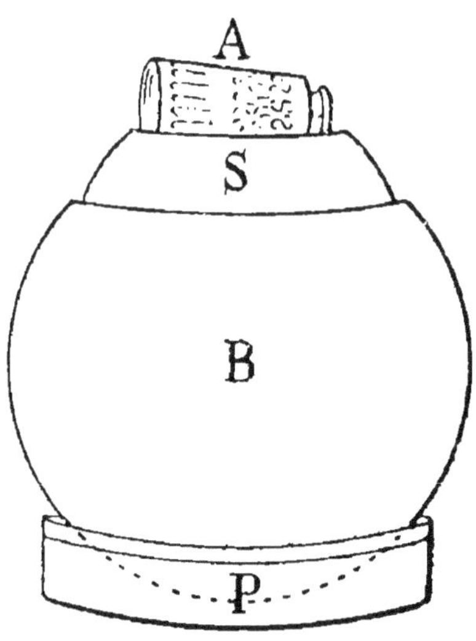

Fig. 35.   Boulet.

A pièce à ciseler.
S ciment.
B boulet.
P panonier.

On fait aussi de la même manière des grosses demi-bombes (fig. 36), du diamètre quelquefois de 30 et 35 centimètres, ou, ce qui est mieux, de la grandeur en rapport avec ce que vous avez à faire; il est inutile de les faire venir pleines à la fonte (massives), parce qu'elles seraient trop lourdes à porter et à tourner sur leurs panoniers en travaillant. On leur donne au modèle de 2 à 3 centimètres d'épaisseur, en ayant soin cependant de tenir le fond plus épais, ce qui donne du poids par le bas et les fait mieux tenir sur leurs centres. Est-il inutile de dire que le rebord sert à arrêter le ciment, et que dans certaines occasions, il doit être recouvert (de ciment), afin d'éviter que la pièce ne se heurte au fer.

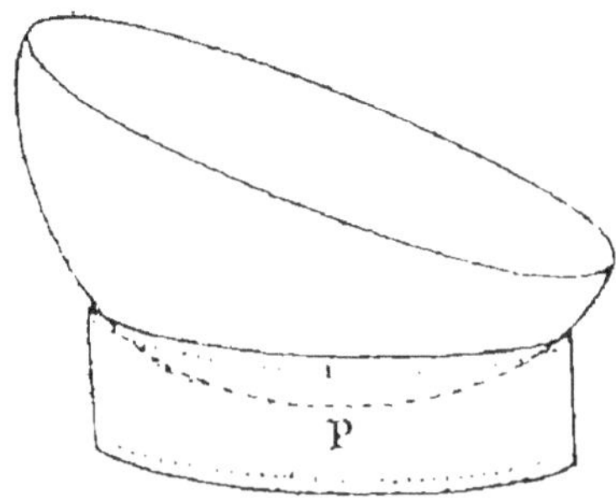

Fig. 36. Demi-bombe en fonte de fer servant pour coller le travail dessus et avoir une plus grande surface que sur un boulet.

P panonier.

J'ai vu donner à des boulets l'inutile luxe de les polir ; gardez-vous en bien, ils se polissent toujours trop eux-mêmes, et quand ils sont polis, ils glissent sur leur panoniers, sous la moindre inclinaison de leur charge.

Le boulet n'est pas solide sur un panonier étroit ; quand le panonier est grand, le boulet entrant trop dedans produit l'effet contraire. Il faut que le panonier soit assez haut (7 à 8 centimètres), afin d'éviter que le boulet par sa partie inférieure ne touche l'établi, parce que dans ce cas il n'y a plus de solidité ; le panonier *ne portant plus le boulet* n'a plus rien du caractère qu'il doit avoir, c'est-à-dire être *une embase solide*. Quand les boulets sont polis, qu'ils tournent trop, on leur donne quelques coups de ciseau par-ci, par-là, en enlevant cependant la *bavache* qui en résulte, qui sans cela râperait le panonier ; mais le plus souvent, passez dans cette circonstance, sur le boulet et sur le panonier, à l'endroit où le premier porte sur lui (et qui est toujours indiqué par un brillant métallique), un morceau soit de blanc de craie ou de plâtre.

J'ai toujours pensé qu'on pourrait avoir un étau sur un boulet, et qui tournerait de cette façon sur tous les sens ; mais non pas comme les étaux parrallèles ou autres, qui ne tournent qu'en pivotant ou à peu près, mais avec une rotation complète du boulet, puisque ce serait lui-même qui tournerait. Ce nouvel outil rendrait de grands services pour faire *le petit*.

J'ai vu, au Conservatoire des Arts-et-Métiers, l'étau tournant qui est dans la section d'horlogerie, je le trouve admirable de mécanisme, pour un horloger peut-être, mais insuffisant pour un ciseleur ; il faut du simple pour ciseler, rien à démonter ni à remonter, si l'on a besoin de tourner ; il faut être toujours dans son centre, solide, et cela aussi vite que l'idée et la nécessité l'exigent. Voilà les conditions d'un bon outil.

CHAPITRE L

Des blots

—

Le blot est, suivant sa largeur, un composé de planches assemblées, ou d'un seul morceau. Il sert pour travailler, à coller sur lui l'ouvrage en ciment : il est le plus souvent un auxiliaire du boulet sur lequel on le pose, afin d'élargir la surface de ce dernier, si elle n'est pas assez large ; puis l'on colle un plat (par exemple) sur le blot, et le blot sur le boulet, de cette manière on a largeur et rotation.

Si c'est une pièce qui ait beaucoup à rifler, comme ce travail fait quelquefois force, et que le boulet tournant de trop sur son panonier devient incommode, il vaut mieux alors avoir un blot de la largeur dont vous avez besoin, qui soit renforcé de deux *épars* en dessous, et qui, par le moyen d'une forte cheville (de bois dur) placée au milieu, dépassant en dessous d'à peu près 15 centimètres, s'adapte aux mâchoires de l'étau, et que vous fixez en serrant où vous avez besoin (Voyez figure 37).

Il y a des blots trop lourds une fois garnis, et qu'on ne met ni à l'étau ni sur le boulet ; on les cale ordinairement sur l'établi avec des morceaux de bois, ou mieux encore avec des coussins de cuir remplis de sable.

On fait aussi des sortes de blots mixtes, qui ne sont autre chose que des grandes sébiles de bois, dans lesquelles on met une pierre ou des pierres pour n'avoir pas à remplir tout le creux de ciment ; on en fait un lit disposé à recevoir la pièce que vous collez alors dessus. Il est bien entendu que cette sébile se pose sur un panonier de boulet et qu'elle tourne en tous sens, absolument comme ce dernier.

J'ai fait un jour une sorte de blot d'un autre genre : sur un petit établi indépendant, pouvant se déplacer comme une table, j'ai posé une planche solide, épaisse, emboîtée par bout et de même grandeur que le dessus de l'établi ; j'ai fixé d'un côté cette planche avec deux charnières sur l'un des bords du dessus de l'établi, et cela de façon qu'elle puisse articuler comme un pupitre à crémaillère (à crans) ; j'ai fait au milieu de cette planche trois gros trous traversant la planche, et distants l'un de l'autre sur la même ligne de 5 centimètres. J'ai pris une autre planche ronde (le blot) de la grandeur dont j'avais besoin, et à laquelle j'ai adapté une forte cheville dans le mi-

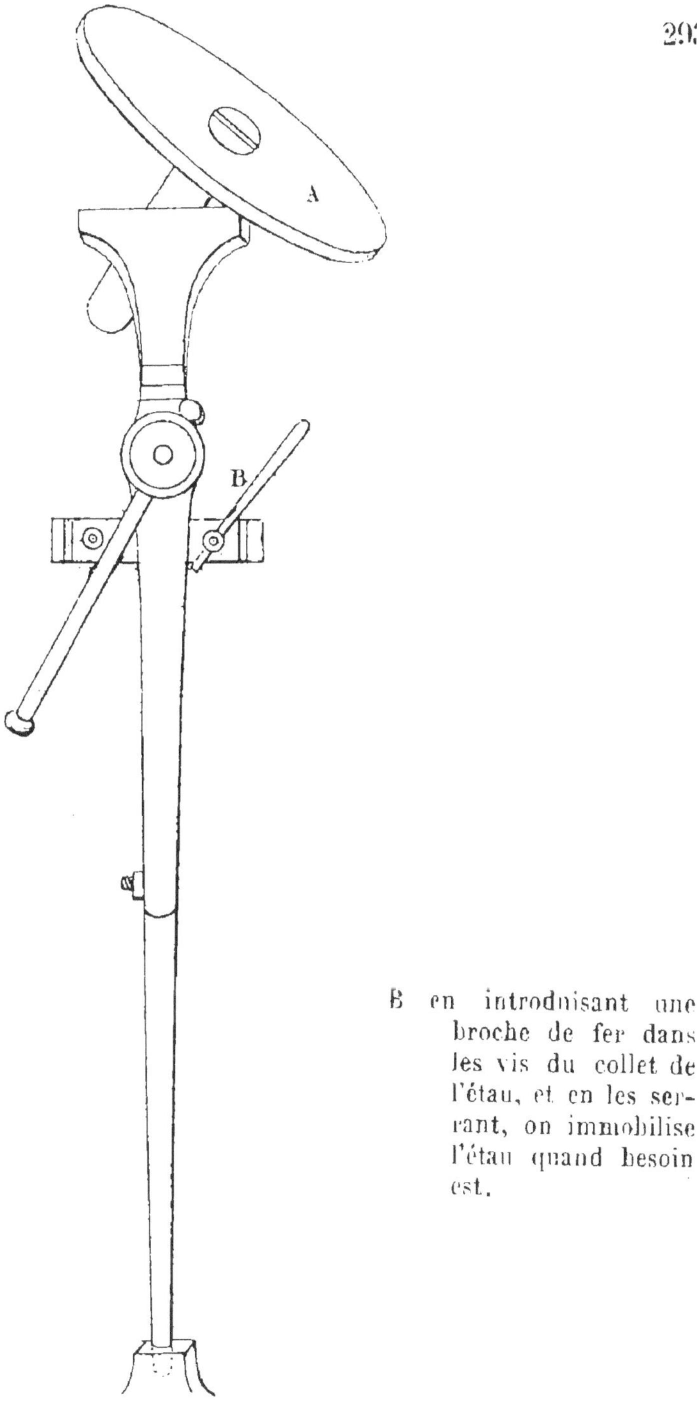

Fig. 37. Blot serré à l'étau.

B en introduisant une broche de fer dans les vis du collet de l'étau, et en les serrant, on immobilise l'étau quand besoin est.

lieu (du blot), la cheville de la grosseur des trous dans lesquels elle rentrait. Je pouvais ainsi, à volonté, tourner mon ouvrage collé sur ce blot; je donnais par les crans l'inclinaison dont j'avais besoin, tantôt à plat, tantôt plus ou moins levé; j'éloignais ou rapprochais ma pièce de moi, suivant la nécessité, en mettant à un trou plus près ou plus loin.

Comme je m'en suis bien trouvé, je recommande ce genre de blot à ceux qui auraient à faire une pièce plate à grande surface, un bouclier par exemple.

De tout ceci dit afin d'éviter les inconvénients de bois dans le ciment et des échardes qu'on pourrait attraper, et tout en tenant compte de l'entretien, l'on se sert principalement maintenant des blots en fonte de fer.

Pour la fonte de ces blots, vous employez une planche bien plate que vous découpez et que vous mettez à l'épaisseur voulue, puis vous vous en servez comme modèle que vous donnez au fondeur de fonte de fer.

CHAPITRE LI

Des marteaux

—

Il n'est pas sans importance que les marteaux des ciseleurs soient emmanchés de façon que le coup *fouette un peu*, ceux surtout servant à faire le repoussé.

Avec un fouet, vous est-il arrivé de couper la pointe de hautes herbes sans faire bouger leurs tiges? La raison est ici la même : un coup de marteau qui fouette n'atteint directement que l'endroit qui le reçoit, sans ébranler, fatiguer le reste de la pièce. Les manches de marteaux doivent, en conséquence, être tenus minces, et cela de la longueur des deux tiers du manche, du côté du marteau. Que la poignée ne soit pas trop lourde, elle enlève de la force au coup.

Ordinairement on les emmanche en bois de frêne ; on en emmanche aussi en baleine, mais je n'en suis pas partisan : ils se fendillent et quand ils en sont là le coup est mou. J'en ai emmanché longtemps avec une petite tige d'acier. On emplit l'œil du marteau avec du bois, puis l'on perce un trou dans lequel passe la tige carrée, que l'on a taraudée et que l'on fixe solidement au moyen de deux petits écrous, un de chaque côté du marteau; on rive celui du bout. Du côté de la main, on met un petit manche de bois avec virole. La tige doit, pour être solide, traverser le manche et être rivée au talon. On se sert pour cela d'acier non recuit, ayant une certaine élasticité (peu cependant). Ces petits manches ne cassent pas et fouettent très bien (Voyez fig. 38).

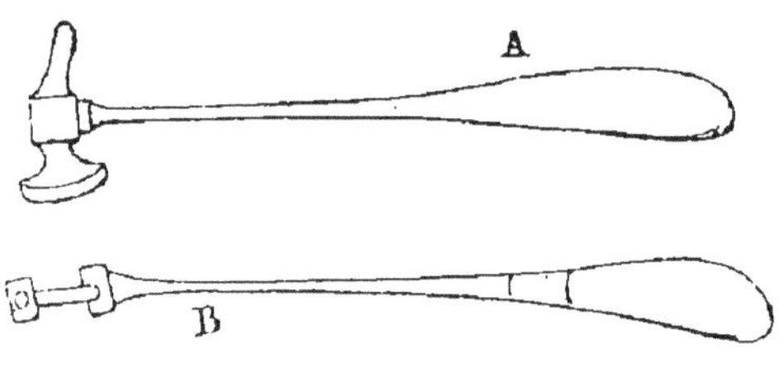

Fig. 38.
A marteau à ciseler.
B manche à tige d'acier.

Un marteau doit aussi être emmanché de manière que la plane baisse devant; de cette façon, on peut travailler sans être obligé de lever le coude en l'air; c'est plus commode et moins fatigant.

La longueur ordinaire d'un manche de marteau varie autour de 25 centimètres, tout compris.

Tâchez, lorsque vous achetez des marteaux, de

les choisir durs, et ne les prenez pas trop lourds,
à moins que vous n'ayez de grosses choses à ébaucher.

Un marteau ordinaire pèse de 125 à 150 grammes; il y en a de plus petits, il y en a de plus
lourds.

17.

CHAPITRE LII

Des tabourets

—

Quand les ciseleurs se débarrasseront-ils donc de cet atroce tabouret, si fatigant, si meurtrissant? Quand sera-t-il donc remplacé par un tabouret à vis en bois ou en fer, pouvant s'élever, s'abaisser à volonté, comme un tabouret de piano, et ne coûtant guère plus cher (moins cher même par le temps qu'on perd) que cette machine si incommode, si ridicule, que Molière n'a rien trouvé de plus ridicule pour asseoir son Diafoirus fils récitant son compliment pour sa demande en mariage.

Mais si encore il n'était que ridicule, on en rirait, voilà tout; mais quand il se trouve trop haut pour la pièce que l'on a sur son boulet, qu'il faut courber le dos toute la journée, il est éreintant; et à bout de fatigue, quand le tabouret est à soi, on lui coupe quelquefois les pieds, c'est l'unique ressource. Mais la semaine d'ensuite, on a une pièce plus haute que la précédente : le tabouret est alors trop bas, il faut se hausser, s'équilibrer avec toutes sortes de choses, des morceaux de bois, une caisse, etc., qui, au moindre mouvement, tombent à chaque instant et qu'il faut relever. Tout cela, avec la gêne que l'on éprouve, fatigue plus, à la fin de la journée, que si l'on était resté debout.

APPENDICE

CHAPITRE LIII

Outillage et maintien de l'outil

SOMMAIRE. — I. Maintien de l'outil. — II. De l'outillage. — III. De la manière d'emmancher un marteau. — IV. De la division d'une pièce.

I. MAINTIEN DE L'OUTIL

Avant d'entrer en matière et de donner les renseignements nécessaires au métier qui nous occupe, il est utile avant tout de décrire de quelle façon l'on doit tenir son outil, de faire connaître ceux dont vous aurez à vous servir et de vous expliquer la forme et l'usage de cet outillage. Nous donnerons ensuite la manière d'emmancher un marteau et de diviser une pièce.

Afin de procéder par ordre, nous allons nous occuper de la manière dont on tient son outil. Sans vouloir dire que le ciseleur acquiert du talent si, étant apprenti, il a suivi les principes et pris bonne note de toutes observations faites à ce sujet, néanmoins, devenant ouvrier, ces observations lui sont d'un grand profit, car il est à remarquer qu'une bonne manière de tenir son outil donne au praticien une certaine assurance ainsi que de la fermeté dans la main et qu'il acquiert une certaine souplesse à manier l'outil dans tous les sens. J'ai vu de bons ciseleurs connaissant et appliquant à leurs travaux le style, le modelé et le genre d'outils nécessaires qui, n'ayant point la fermeté de main, ne donnaient pas à leurs travaux le cachet et l'aspect que d'autres moins forts et moins expérimentés dans le métier arrivaient à donner.

La figure 39, pour revenir à notre sujet, vous démontre la position de la main gauche d'un ciseleur tenant son outil.

Après avoir posé l'annulaire (4ᵉ doigt) sur la pièce et à l'endroit que vous aurez à ciseler, vous placez le majeur (3ᵉ doigt), de façon à ce que l'extrémité de ce doigt soit posée sur l'ongle du doigt qui est en dessous. En raidissant les deux dernières phalanges, vous produisez une certaine pesée. Ensuite, prenant votre outil entre le pouce et l'index, vous le placez de manière à ce que l'une des faces soit appuyée sur le côté des doigts précédemment cités, en observant que la première phalange ou naissance de l'index soit, en rapport à la position, élevée au même plan que le dessus de la main, le restant du doigt étant allongé le long de l'outil.

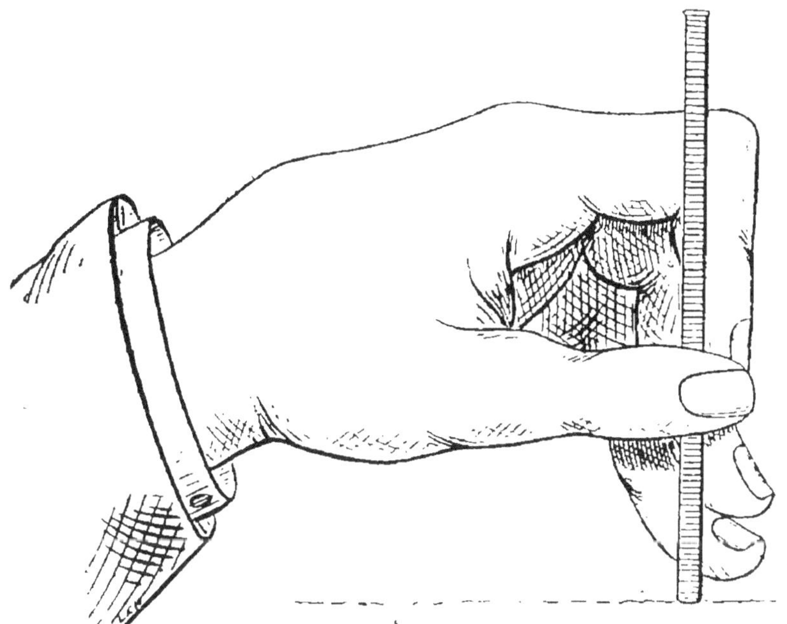

Fig. 39. Pose de la main du ciseleur.

Quant au pouce (dont l'extrémité sera placée à la même hauteur que celle de l'index), il doit être aussi tendu que les autres doigts. C'est lui qui principalement, de concert avec l'index, donne le mouvement nécessaire à l'outil, le dirigeant et le tournant dans tous les sens.

Décrire avec précision et dans les détails possibles l'art de manier son outil et déterminer à quel point il faudrait donner à un endroit ou à un autre le coup de marteau un peu plus fort ou retenir le coup, est une chose qui, véritablement, ne peut être démontrée qu'à l'atelier et non dans un livre. C'est entre le ciment et le marteau, c'est-à-dire sur la pièce elle-même, que la démonstration peut en être faite avec fruit. Je me bornerai donc à décrire simplement les principes tels qu'ils sont donnés à tout apprenti dans le métier de ciseleur en repoussé ; les notions pour la ciselure en fondu, ainsi que certains renseignements très utiles pour ce genre étant décrits dans la première partie de ce livre.

Quant à la position générale de la main en rapport de celle du bras gauche, le dessus doit être horizontal, formant, avec la position des doigts qui appuient sur la pièce, un angle droit. Bien en face de son travail, le coude ramené vers le corps, bien à l'aise dans tous les mouvements, telle est, en peu de mots, la position régulière d'un pratiquant. Dans les premiers jours que vous apprendrez à tenir votre outil, ne vous préoccupez pas des crampes ainsi que des engourdissements que vous pourriez avoir dans les doigts ; c'est un petit inconvénient du métier qui se passe assez vivement et dont toute personne qui commence a eu sa quote-part.

II. DE L'OUTILLAGE

Les outils peuvent se classer en quatre groupes principaux :

1° les traçoirs,
2° les planoirs,
3° les mâts,
4° les perloirs et les bouterolles.

Il est utile de les passer en revue dans l'ordre indiqué ci-dessus, tout en expliquant la fabrication de ces outils, étant très facile d'en faire les formes soi-même. Certains outils, en raison de la régularité du grain, sont de préférence achetés tout faits. Aussi sont-ils indiqués dans ce classement.

Les traçoirs

Le ciseleur doit avoir dans son outillage, tant en traçoirs qu'en planoirs, mâts, perloirs et bouterolles, etc., un assortiment assez considérable en raison de la variété des formes, et différent par les dimensions et suivant l'objet qu'il aura à travailler. Sont exclus de cet outillage ceux formant poinçon à dessins de fonds, servant spécialement pour l'étain ou le cuir ou bien encore ne s'appliquant qu'à certains objets chargés de décoration par rapport au prix très limité.

Quelques spécimens sont indiqués par la fig. 40.

L'outil qui nous occupe à ce paragraphe *traçoirs*, est formé par deux biseaux ayant la même pente et la même épaisseur, qui, se rencontrant au mi-

Fig. 40. Poinçons à dessins divers.

lieu de votre acier, forment un angle. Ces biseaux sont donnés après que le profil nécessaire aura été indiqué. Ce profil est soit horizontal avec le corps de l'acier, pour les traçoirs droits et demi-ronds, soit en arc de cercle pour les traçoirs forme « bateau » et spécialement faits pour tracer dans les gorges de toutes pièces. Les biseaux indiqués, sur de la toile émeri douce vous passez votre outil en le tenant incliné suivant la pente que vous aurez donnée à vos biseaux. Les traits de lime étant atteints, vous adoucissez sur de la potée d'émeri ou sur un cuir enduit de rouge de polisseur, en ayant soin, surtout, d'engraisser les angles du traçoir afin d'éviter qu'ils ne marquent et n'empêchent de guider l'outil. Pour les traçoirs demi-ronds, le biseau intérieur doit être limé en arc de cercle, le biseau extérieur atteignant en angle le trait ainsi marqué par le premier biseau cité.

La figure 41 vous indique plusieurs formes de traçoirs dont on se sert journellement, les traits indiqués au-dessus de ces outils vous donnant ceux qu'ils forment.

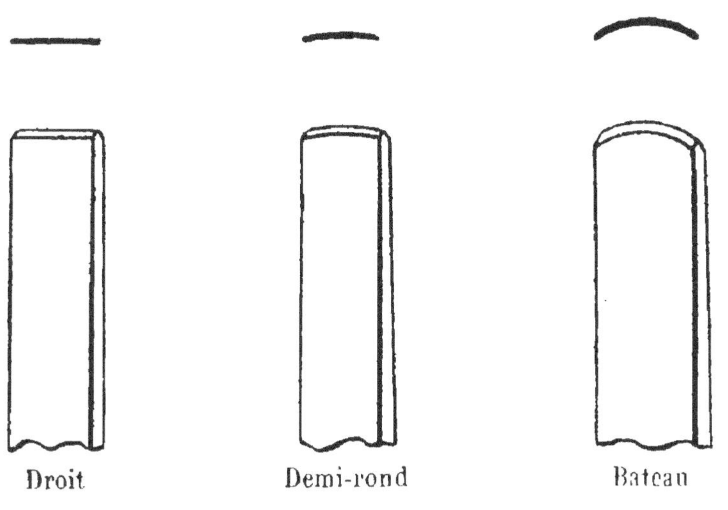

Fig. 41. Traçoirs.

Ces formes de traçoirs sont : le traçoir droit, le traçoir demi-rond, le traçoir « bateau »; il y a aussi le traçoir creux qui sert ordinairement à séparer les perles.

Les planoirs

Lorsque la pièce a été dessinée, repoussée à la ressing et ensuite tracée (ceci dit pour les pièces faites au tour ou au marteau dont l'ouverture empêche le passage de l'outil), ou après que le dessin a été indiqué au traçoir gras pour les objets pouvant se repousser par-dessous, le ciseleur se sert de planoirs.

Faits aussi à la lime, et également adoucis comme les traçoirs, ces outils doivent être tout particulièrement tenus dans un état constant de propreté et passés au cuir à polir avant de s'en servir, le moindre défaut ou grain de poussière interposé entre l'outil et la pièce étant reproduit sur cette dernière.

La figure 42 vous donne deux formes de planoirs les plus usités.

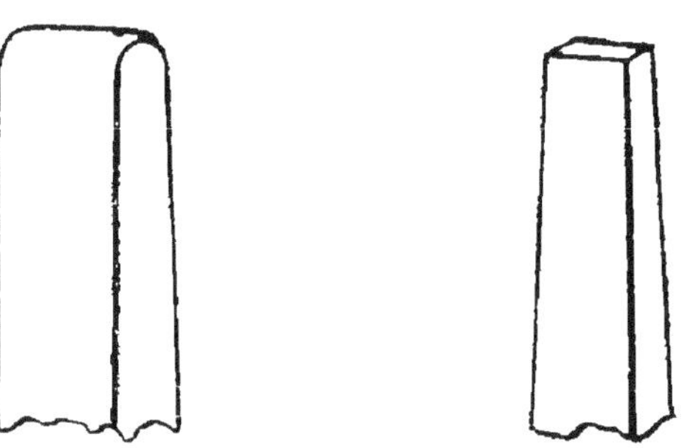

Fig. 42.   Planoirs.

Le planoir à fond. — En général, ce planoir est à surface plate et sert principalement, après ébauche de l'ornement, à remettre sur fond, tout en tenant compte de la forme, toute partie du motif déplacée par le ressingage de la pièce. Il est de formes diverses, soit en rectangles de différentes grandeurs suivant le fond que vous aurez à baisser, soit en losanges plus ou moins allongés pour

les coins des ornements, soit encore en bombés
pour planer dans les gorges des pièces (cafetière,
théière, sucrier, crémier, etc.). En un mot, à part
le planoir plat, qui sert couramment, la forme du
planoir ne peut être décrite que suivant l'objet
dont vous aurez à baisser lesdits fonds ou suivant
l'ornement que vous aurez à modeler.

Les planoirs à caneaux. — Aussi de profils divers se remarquent parmi tous les planoirs par
leur surface arrondie ainsi que par leur largeur,
suivant le creux et la grandeur des caneaux. En
général, les deux extrémités de ce planoir sont ar-
rondies tant sur le dessus que sur les côtés, donnant la facilité de s'en servir d'un côté comme de
l'autre pour pointer les têtes de caneaux. D'autres
sont d'une seule extrémité arrondie, l'autre extrémité étant en arête vive servant à arrêter le caneau
en angle droit pour simuler un passer dessous.

Pour les pièces à caneaux que l'on nomme dans
notre métier « les pièces torses creux », les planoirs
doivent être de différentes grandeurs tout en ayant
le même bombé, afin qu'en enfonçant les torses,
les creux que vous venez de former par vos planoirs se correspondent bien et puissent être repris
l'un dans l'autre en les élargissant ou les rétrécis-
sant, suivant que vous planez sur la panse ou dans
la gorge ou collet de votre pièce. Il faut, pour
qu'une pièce torse soit bien planée, que d'une extrémité à l'autre de vos torses il n'existe aucune

trace de la reprise d'un planoir tout en ne déformant pas les pièces et que les largeurs soient égales.

Ajoutez, avant tout, que pour obvier à ces inconvénients, il est utile d'ébaucher vos torses régulièrement du haut en bas, passant plusieurs fois le planoir toujours dans son ensemble et amenant au fur et à mesure le bord du planoir près de l'angle qui doit être formé par la rencontre des torses. Bien des ciseleurs se servent, pour ébaucher leurs torses, de marteaux de planeurs dont l'outil ou pour mieux dire les planes sont de la même forme que les outils de ciseleurs. Ces marteaux sont décrits dans le manuel du *Bijoutier-Orfèvre*, tome II, pages 13, 14 et 15, Encyclopédie-Roret.

Pour ce genre de travail, le ciment versé dans les pièces doit être très gras et adhérant bien à la pièce, c'est-à-dire au métal. Il serait préférable d'enduire de goudron de Norvège l'intérieur, afin qu'au premier coup de marteau la pièce ne déporte et oblige l'ouvrier à la vider. La pièce devra être préalablement chauffée afin que ce goudron, qui a une certaine résistance, se liquéfie dans le genre de l'huile.

Lorsque la pièce est importante et les torses très creux, il est utile, pour les amener au creux voulu, de la remplir de sable que l'on tasse avec un bout de bois afin qu'il n'existe aucun vide. Dans cette façon de procéder, il est utile aussi de garnir l'ou-

verture de la pièce avec du ciment très liquide qui,
formant résistance et se collant à la suface du sable, l'empêche de s'égréner et de s'en aller de la
pièce au premier coup. L'on peut remplacer le ciment par une couche de plâtre.

Le ciment ayant été employé pour ce travail
devra être brossé, afin de le débarrasser des grains
de sable qui pourraient exister et qui occasionne-
raient des désagréments par la suite.

Les mâts

Ce genre d'outil diffère des autres dans ce sens
qu'il s'emploie suivant le style que vous aurez à
ciseler. Nous reviendrons plus loin dans l'explica-
tion de ces différents outils à appliquer selon le
style.

Les mâts les plus fréquemment employés sont,
figure 43 :

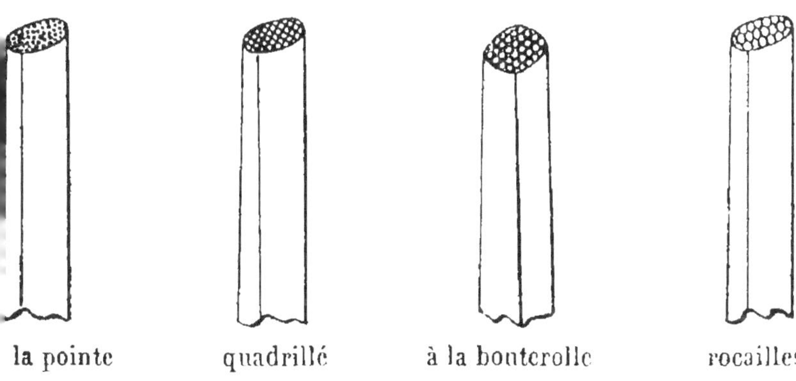

Fig. 43. Mâts.

Le mât quadrillé. — Ce mât doit être fait avec un poinçon nommé mâle que l'on imprime sur l'acier auquel vous aurez préalablement donné la forme nécessaire. Comme le nom l'indique, il est formé de petits carrés dont les angles sont bien réguliers. Ce grain ne peut être fait à la main et ce genre d'outil s'achète en général tout fait, demandant trop de précision.

Le mât à la pointe. — Sur la forme préparée, avec une pointe savamment affûtée en cône (voir fig. 60), vous frappez légèrement afin de l'imprimer. Pour qu'un mât à la pointe soit bien fait, il faut que ces coups de pointe soient fondus les uns dans les autres, ne laissant aucun clair entre eux et donnant, après cette opération, une teinte uniforme à l'outil. Le grain de ce mât est doux ou rude, suivant que vous donnez le coup de marteau plus ou moins fort. Ne pas oublier de pointiller en tournant. Ce genre d'outil ne se fait qu'à la main ; il est préférable de les faire soi-même.

Le mât à la bouterolle sablé. — Votre forme d'outil toujours faite, vous donnez des coups de bouterolle que vous placez en ligne droite sur la longueur de l'outil ; ils seront frappés les uns à côté des autres. Le premier rang doit être toujours frappé dans la moitié de la largeur. Pour les autres rangs, les coups de bouterolle doivent être intercalés approximativement entre ceux du premier rang, et ainsi de suite. L'outil ainsi frappé produit dans son ensemble un genre de quadrillé qui diffère de celui-ci en raison que les arêtes des petits carrés ne sont pas régulières. Ces mâts, lorsqu'ils sont usés, éviter de les détruire, étant les meilleurs de tous pour l'ébauche des ornements. Après avoir ainsi fait, pour sabler votre outil, vous le frappez sur un morceau de grès et procédez ensuite de la même façon que pour le mât à la pointe, tout en frappant très légèrement.

Le mât à rocailles. — De différents genres et naturellement, comme tous les autres mâts, de différentes formes, il est ainsi nommé à cause de son grand emploi dans les rocailles et sert aussi pour accompagner certains brettés dans les ornements Louis XV. Le grain de ce mât forme, après avoir été frappé, des octogones si réguliers qu'il est préférable de l'acheter tout fait.

Des différents grains de mât

Il existe aussi d'autres genres de mâts, mais ils ne sont pas classés comme ceux que je viens de vous indiquer et dont on se sert journellement.

Prenons parmi eux, comme exemples :

Les mâts sablés, qui, pour leur donner le grain voulu, se frappent sur le grès, donnant à l'outil une teinte grise ;

Les mâts à la lime, que vous frappez sur les côtés d'une lime ou encore pour mieux les faire, plaçant votre lime dans un étau, vous frappez votre outil dessus avec votre marteau ;

Les mâts rayés, pour fonds rayés, et composés de petites raies dans le sens de la longueur ou de la largeur, suivant le cas. Ces petites raies, faites au traçoir sur la forme de l'acier, en général ne sont pas régulières, formant un azuré sur l'outil que vous sablez ou que vous pointillez ensuite. Ce genre de mât s'emploie beaucoup pour faire les fonds ;

Les mâts à perles, qui servent, en général, pour imiter un travail genre anglais et ne peuvent s'employer que pour ombrer ou encore ragréer certaines pièces revenant de l'estampage qui, après soudure (de deux coquilles d'anse par exemple), oblige à cacher l'assemblage par un grain de mât se rapportant à l'estampe.

Enfin, que sais-je encore ! Certes, il en existe d'autres, mais, à part les mâts dont je viens de vous donner le mode de fabrication et que je pourrais dénommer fondamentaux, chaque atelier a un outillage à part. Ceux que je vous ai indiqués sont de service journellement et appliqués selon le style.

Pour le style Louis XV, vous vous servez des mâts à la bouterolle ou des mâts quadrillés, que vous appliquez sur l'ornement en brettés fermes venant se fondre à l'extrémité de l'ornement. Les outils de ce genre, dont le grain est usé, servent pour

le modelé des ornements ; ne détruisez jamais ces
outils, ils sont très recherchés.

Pour le Louis XVI, l'on ne se sert que du mât à
la pointe plus ou moins doux, suivant le cas et
l'importance de la pièce. Pour donner plus de cachet à son travail, les bouts des ornements de ce
style sont pincés avec des outils du même genre.
mais dont le grain est usé.

Quant au Louis XIV, on emploie le mât à la
bouterolle sablée en l'appliquant aussi par brettés,
tout en laissant une côte claire au milieu de l'ornement et en le modelant en forme de dos d'âne.

Dans le style, le modelé diffère un peu d'après
celui qui le fait, le travail du pratiquant étant sec
ou gras, mais le caractère et la forme, ou pour
mieux dire le découpé, restent toujours dans le
style.

Des perloirs et bouterolles (fig. 44 et 45)

Faits mécaniquement, ces outils doivent être de
différentes grosseurs et servent, comme les noms
vous l'indiquent, à frapper ou à repousser les
perles.

Pour la ciselure en repoussé, le bord des perloirs
doit être gras à seule fin que le tranchant de cet
outil ne coupe pas la matière. Le bord des perloirs
ne doit être utilisé que pour le travail dans le
genre tracé mâti.

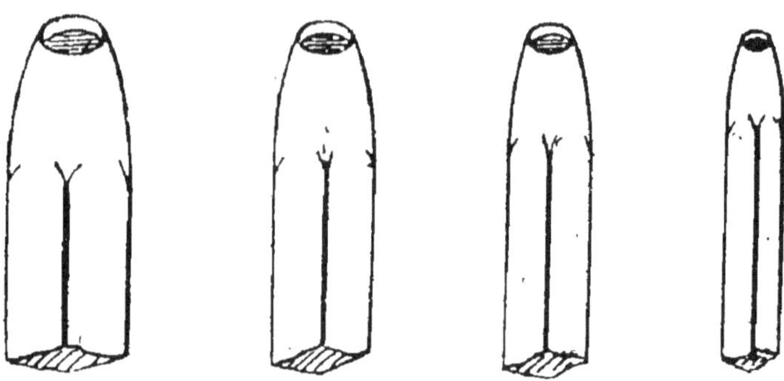

Fig. 44.　Perloirs.

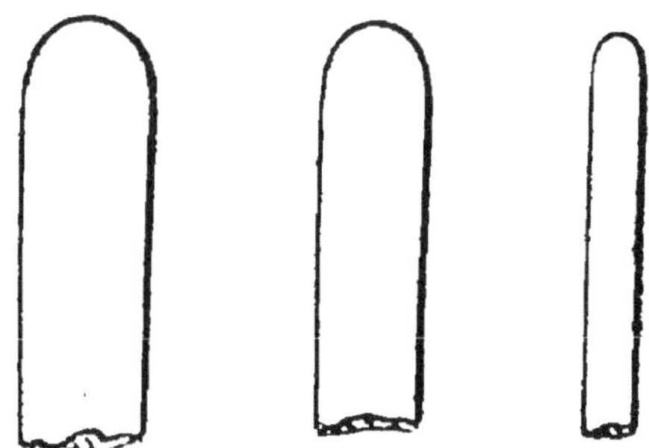

Fig. 45.　Bouterolles.

Des différents outils

Ces outils ne sont faits qu'au fur et à mesure du besoin et quelquefois fabriqués de manière à activer un travail ou ayant un certain découpé d'acier nécessaire pour aller à des endroits où l'outil ordinaire ne pourrait aller. Ainsi, vous avez les *traçoirs biais* qui, suivant que le biais est en dehors ou en dedans, vous font, tout en traçant, l'épaisseur ou le fond aux abords de votre ornement.

plane doit être constamment propre et garantie contre les coups tranchants, car elle sert quelquefois à unir ou à marteler certaines parties unies d'une pièce d'orfèvrerie).

En général, ce marteau est en fer travaillé, la plane seule étant aciérée. Le haut de ce marteau est terminé soit par une boule, soit par un tranchant (Ces deux formes peuvent servir à repousser à la main, dans certaines pièces dont l'ouverture est assez large pour laisser le passage au marteau, tout en admettant que la partie à repousser, placée sur le point le plus culminant de la pièce, ne donne pas, par le ressort du marteau, sujet à faire d'autres bosses, soit avec le manche, soit avec la plane. Elles servent encore (ces deux formes) à prendre

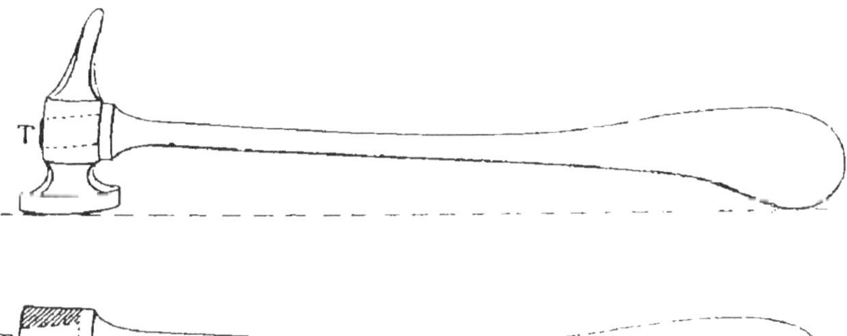

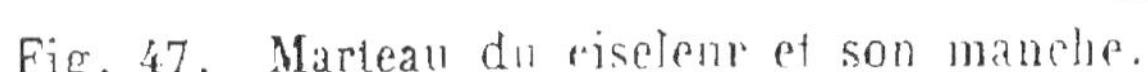

Fig. 47. — Marteau du ciseleur et son manche.

les calques comme il est indiqué dans la première partie de ce livre, voir page 150).

Il est utile aussi d'indiquer la manière dont on emmanche un marteau, afin qu'il tape bien d'aplomb sur la tête de l'outil et qu'il soit bien à la main de celui qui s'en sert. La figure 47 vous montre un marteau de ciseleur tout emmanché.

Le marteau étant placé sur une surface plate (un établi, par exemple), remarquez que la plane de ce marteau est surélevée et forme un angle. Pour obtenir cet angle, ou pour mieux dire ce biais du marteau, tout dépend de la pente que vous tenez dans le tenon une fois rentrant dans l'ajour existant en T dans le marteau. Pour former ce tenon, après avoir tracé votre ligne de milieu dans le manche de bois, en plaçant le cœur du bois sur le côté, comme l'indique la figure, et avoir pris la largeur de votre tenon, vous indiquez en T la pente que vous voulez lui donner tout en conservant la grosseur de votre tenon et de manière que son centre soit à la même hauteur que le centre du manche lui-même. Quant à la forme de la poignée, elle varie suivant la commodité de celui qui s'en sert (Les parties indiquées par les hachures sont celles qui sont enlevées du manche fourni tout tourné).

IV. DE LA DIVISION D'UNE PIÈCE

Nous ne parlerons ici que des pièces tournées ou faites à la main, en un mot les pièces de forme, la division sur une surface plate étant tout ce qu'il y a de plus ordinaire.

Qui ne sait prendre le quart ou la huitième, voire même la seizième et même la trente-deuxième partie d'une circonférence? Qui ne sait aussi que pour élever une verticale il suffit, des deux extrêmes avec la même largeur, de former un x qui vous donnera, en prenant le milieu de ces deux extrêmes, la verticale demandée?

Là n'est pas le même cas pour les pièces de forme. Il faut d'abord chercher le point de centre (ne jamais se fier à celui fait par le tour, il peut quelquefois être juste, mais cela est très rare), puis, sur la panse de la pièce, de ce point, vous tracez avec votre compas une circonférence sur laquelle vous faites vos divisions. Lorsque ces divisions sont prises par vos points, et de deux en deux, vous formez des x qui, en se rencontrant, vous donnent le point de départ du trait qui doit correspondre au point situé entre les deux ayant servi. Vous continuez ainsi tout autour de la pièce en ayant soin de ne pas trop marquer la pointe du compas ni les x que vous formez. Vous en faites de même pour le bas de votre pièce, et il ne suffit plus que de rejoindre les points de repère en traçant des lignes, soit à la pointe à dessiner, soit au crayon.

Pour les pièces torses dont le dessin doit être régulier en raison de la largeur des caneaux, après avoir recherché le torse que vous devez faire, vous indiquez (en vous basant aussi bien sur le haut que sur le point de centre de la pièce) les points où doivent passer les lignes, en traçant avec le compas des lignes horizontales.

Les divisions pour les pièces sont (pour le multiple de 4) 4, 8, 16, 32, 64; (pour le multiple de 3) 3, 6, 12, 24, 48, 96.

Ainsi, pour diviser une pièce en 48, les multiples de 3 et 4 se réunissent; vous divisez d'abord votre pièce en 4, puis chaque partie en 2, ce qui fait 8. De 8, vous divisez en 3, ce qui fait 24, puis en 2, ce qui vous amène à votre division de 48. Pour une pièce avec 36 divisions, vous divisez par 3, ensuite par 2, ce qui fait 6, ensuite par 3 qui fait 18, puis par 2, en tout 36, et combien d'exemples à donner à ce sujet.

Toutes les définitions, quoique incomplètes, contenues dans ce chapitre, tiendront lieu de renseignements, principalement à l'amateur de travaux d'art tout en étant utile à l'élève studieux. Elles donnent les notions suffisantes et telles qu'on les apprend dans le métier, en ce qui concerne la manière de tenir son outil, de reconnaître et faire ceux dont on aura à se servir, ainsi que divers détails très utiles dans leur genre. C'est au lecteur à suppléer aux explications qui, dans ce livre, ne peuvent être données qu'en raccourci, les exemples cités étant toujours choisis parmi les moins compliqués.

CHAPITRE LIV

Ciselure

SOMMAIRE. — I. Premiers exercices pour la ciselure. —
II. Ciselure sur étain.

Tout en ne voulant pas faire ici un traité d'apprentissage de ciselure, il est tout au moins nécessaire et très utile d'indiquer les phases par lesquelles celui qui étudie le métier est tenu de passer.
Le meilleur moyen est de donner ce que l'on pourrait nommer le *programme d'apprentissage*, c'est-à-dire la marche suivie pour arriver à un résultat appréciable, en tenant naturellement compte des définitions du précédent chapitre.

. Pour aider à appliquer aux ornements la forme et le style nécessaires, de même que pour savoir repousser les ornements en différents plans, il est très utile de connaître le dessin et le modelage. De très bonnes Ecoles existent pour tous les métiers se rattachant à l'orfèvrerie, telles que celles des

Chambres syndicales de l'Orfèvrerie-Joaillerie (rue de la Jussienne), et Bijouterie-Imitation (rue Chapon).

I. PREMIERS EXERCICES POUR LA CISELURE

Sur une plaque en cuivre, tracez avec une règle et une pointe à dessiner des traits droits à égale distance les uns des autres. Puis, tenant votre outil de la main gauche, comme il est décrit au chapitre LIII, vous imprimez votre traçoir sur le trait indiqué à la pointe. Le traçoir devra être maintenu verticalement tout en le soulevant légèrement par devant, afin de lui donner le dégagement nécessaire pour son parcours, et en le maintenant fermement entre le pouce et l'index sans l'appuyer sur la pièce, afin qu'il ne raccroche pas. Après avoir ainsi tracé des traits droits, indiquez (toujours avec le traçoir) des traits ronds (une spirale ou encore mieux une rosace). Lorsque vous aurez tracé, par exemple, cette rosace, dans les feuilles formez un ombré en éventails, soit avec des planoirs, soit avec des mâts de différents genres.

L'on ne doit quitter ce genre d'exercices que de l'instant où les traits faits par le traçoir sont bien nets et sans aucune reprise dans le parcours et que l'ombré est donné bien franchement.

L'on procède ensuite, avec le même dessin de la

rosace, à un travail de repoussé qui consiste à produire, sur le bord de la feuille, des épaisseurs que l'on nomme lèvres. Ce repoussé, déplaçant le métal, donne à la feuille un sentiment de flotté qui

Fig. 48. Plaque avec traits droits.

nécessite un certain petit modelé, lequel, venant s'ajouter aux exercices précédents, vous donne, par la description des figures 48, 49 et 50, les premières notions de la ciselure.

Les sujets, ou pour mieux dire les plaques d'études, peuvent varier dans le sens du dessin ; mais les premières notions sont toujours données sur la même base : apprendre d'abord à tracer, ensuite à ombrer, puis enfin à repousser, tout en admettant le modelé en dernier lieu.

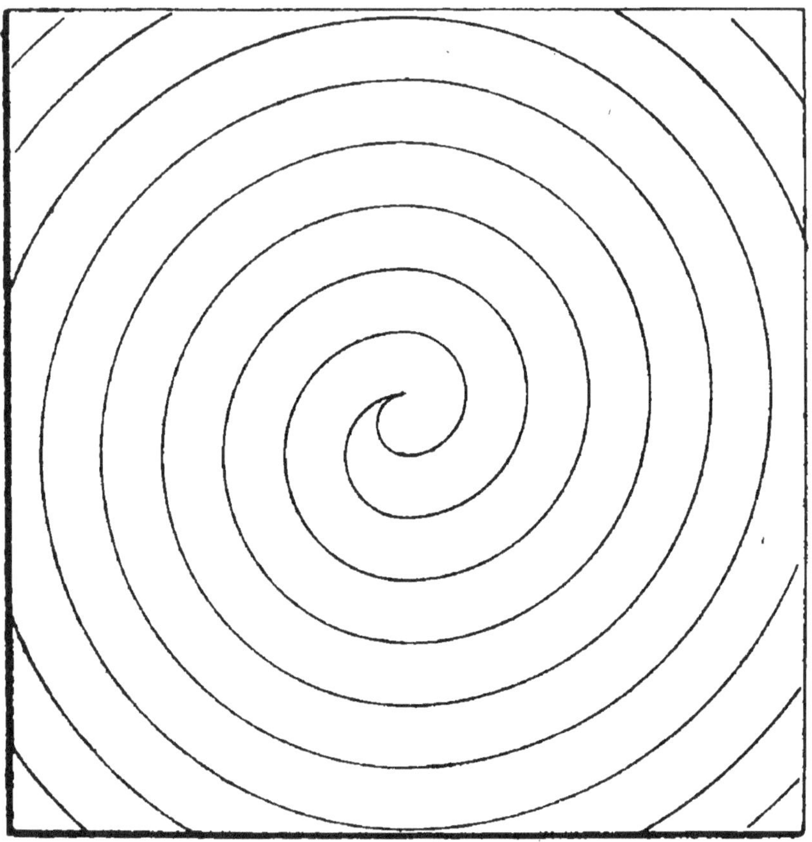

Fig. 49.　Plaque avec traits en hélice.

Nul amateur ni apprenti ne sont exempts de ces premiers principes, s'ils veulent arriver à un bon résultat.

Ils sont, pour ainsi dire, la base du métier, tout en tenant naturellement compte du goût et du talent que l'on acquiert par la continuelle étude de ce métier.

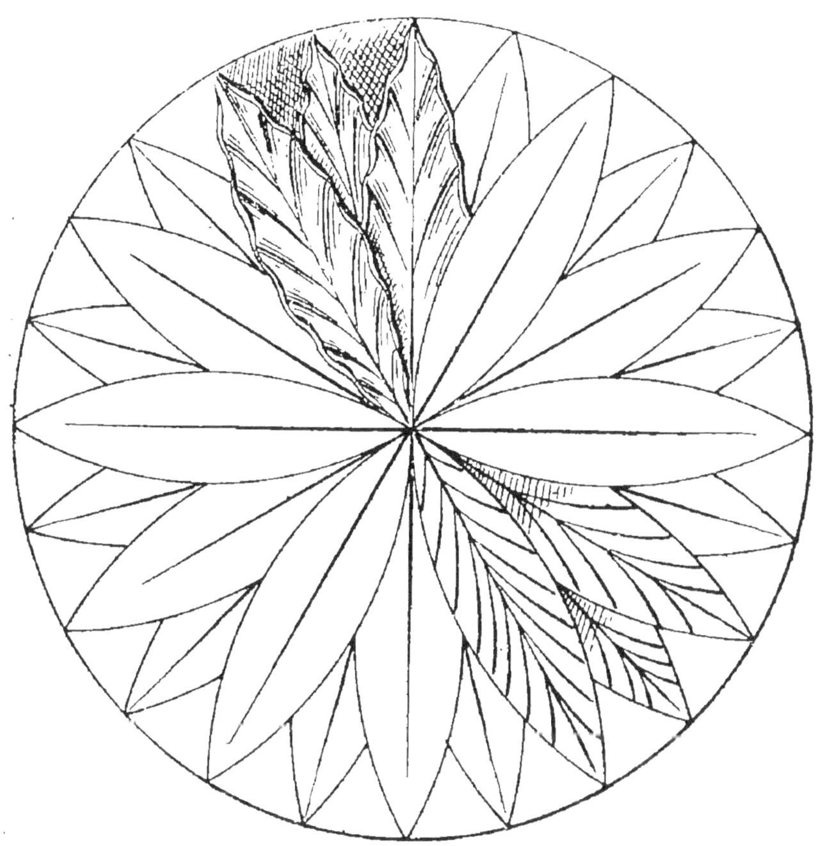

Fig. 50.   Rosace à trois parties.

Nul ne pourra attaquer un certain sujet sans connaître la manière d'indiquer l'emplacement où vous aurez à donner plus ou moins d'épaisseur à un ornement qu'à un autre. Tel ou tel plan devra, en raison de l'importance du motif, être repoussé, soit en masse, afin d'amener votre métal à garder une certaine épaisseur pour qu'il ne produise aucun jour ou, pour employer le terme du métier, *crever la pièce*, soit en détail et très peu de relief à l'emplacement où l'ornement devra se fondre avec la plaque.

Prenons, comme exemple, l'ornement Louis XVI, indiqué figure 51. Après l'avoir dessiné à la pointe fortement, le trait de pointe bien ferme, vous l'indiquez au traçoir très gras, de manière que le trait paraisse au verso de la plaque. Ce travail fait, après avoir décimenté et recuit votre plaque en se conformant aux prescriptions données pour la recuisson du cuivre (c'est-à-dire de faire détendre d'abord votre cuivre avant de le recuire, afin qu'il ne se casse), vous commencez le travail du repoussé des formes d'ornements.

La figure 52 vous indique le repoussé de cet ornement en tenant compte que les parties les plus noires sont celles qui doivent être le plus repoussées en creux, ces parties devant être les plus en relief dans votre ornement. En *a*, la feuille devra être plus en relief que la feuille B, étant la partie de l'ornement la plus repoussée. Quant à la partie C, par la superposition des feuilles passant l'une sur l'autre, elle devra venir se fondre avec le fond de la plaque en ne donnant simplement qu'un peu de repoussé aux pointes d'ornements. Plus le noir s'atténue, moins la partie devra être repoussée.

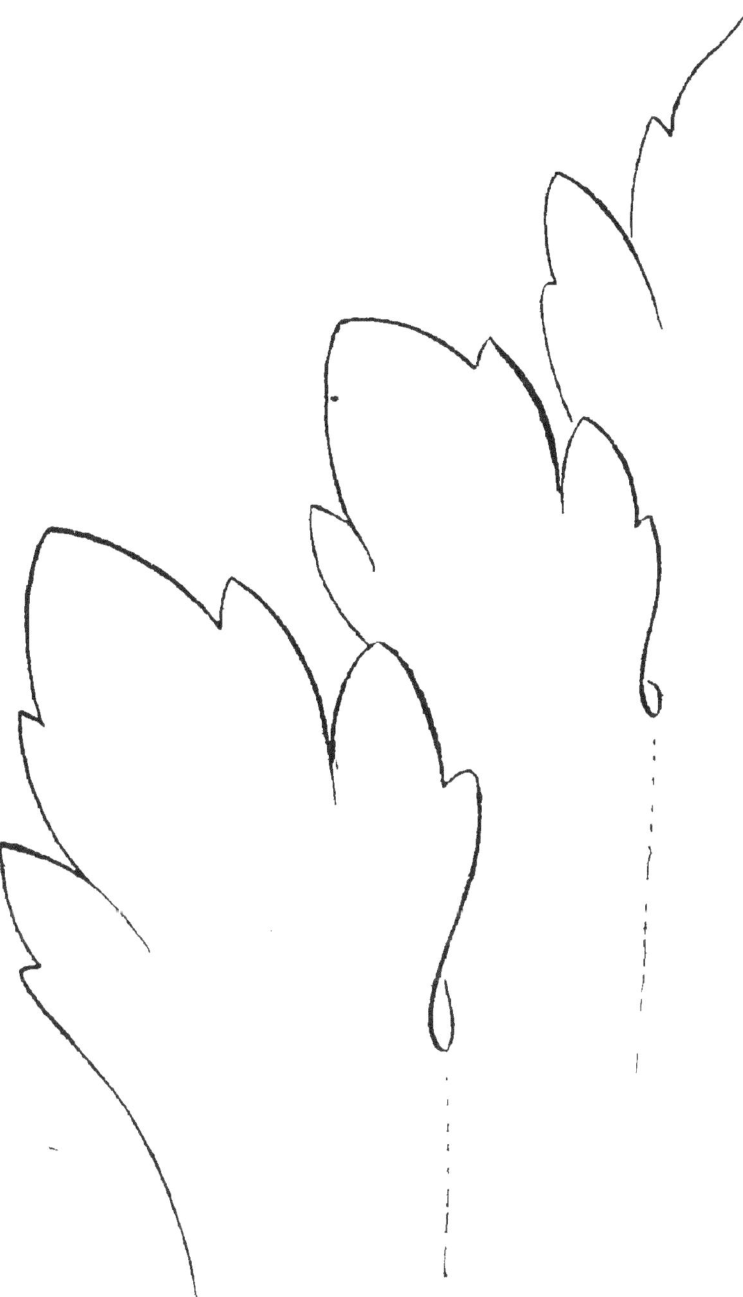

Fig. 51. — Feuille (1re opération).

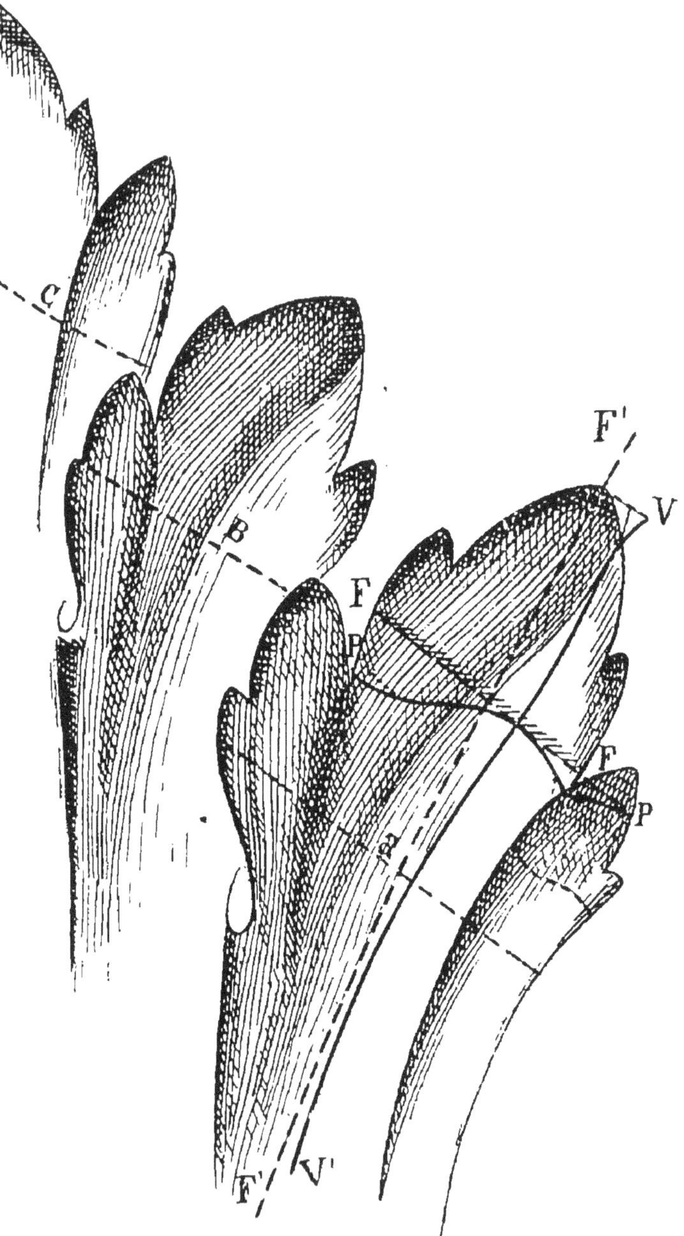

Fig. 52. Feuille (2e opération).

En suivant ces indications, le modelé en creux doit vous donner le profil indiqué à la première feuille par la ligne P P, la ligne F F représentant la surface plate de la plaque. Dans le relief de ce style, bien repousser et conserver la pointe de vos ornements. En repoussé, dans le sens de la longueur, la ligne V V' vous donne le creux que doit avoir l'ornement, l'extrémité V' venant se fondre avec le fond désigné par la ligne F' F'.

Ce travail devra d'abord être ébauché sur un coussin en cuir rempli de sable, afin de donner les plus gros reliefs, tout en remettant votre ornement d'aplomb sur le fond. Vous ne mettez en ciment que lorsque vos ornements sont bien placés comme relief et que vous n'avez plus qu'à donner quelques coups pour annettir votre modèle.

Le repoussé de cette plaque étant ainsi terminé, après avoir détendu et recuit votre plaque, ce repoussé vous donne l'aperçu indiqué à la figure 53, en remarquant qu'à cette figure les parties blanches sont les parties les plus saillantes. Il ne reste plus qu'à faire de ce côté le modelé complet, et dans le style Louis XVI, tout en employant les outils nécessaires, c'est-à-dire les mâts à la pointe dont un spécimen est indiqué figure 43.

Ce qui est possible sur une plaque ou tout objet plat, notamment le repoussé du motif exécuté sur l'envers à la main, est absolument impraticable sur tout objet de formes faites soit au tour ou au

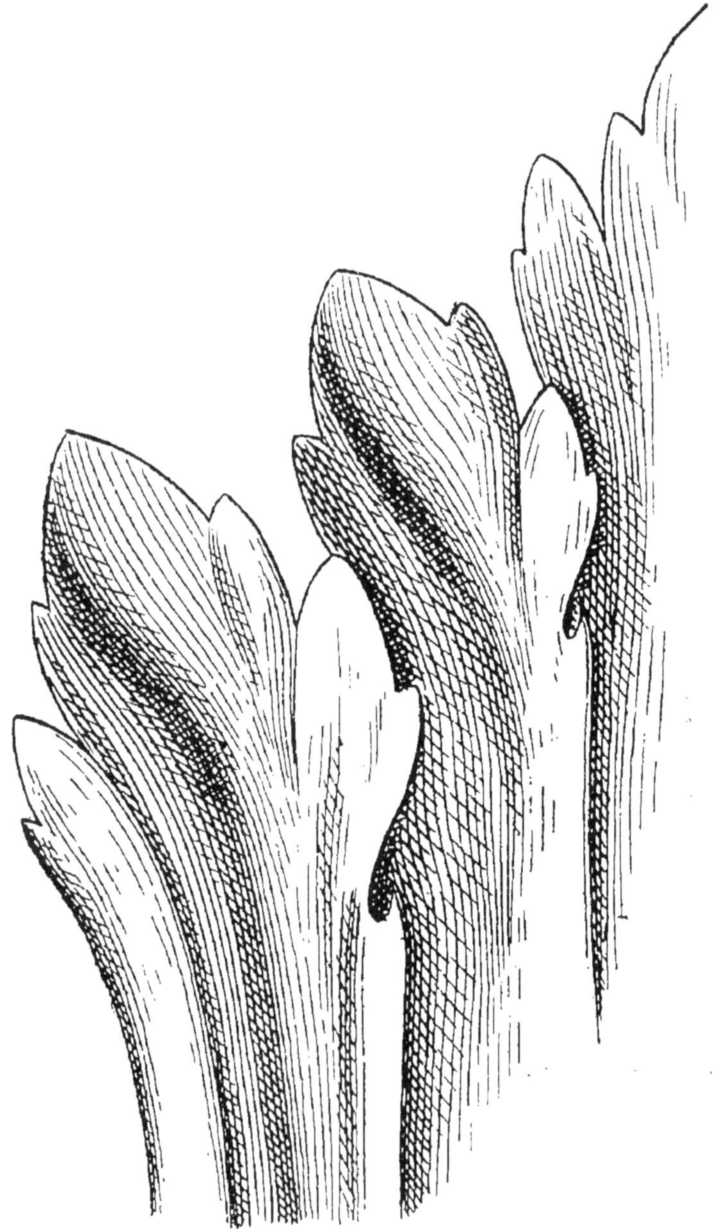

Fig. 53. Feuille (3ᵉ opération).

marteau, dont le diamètre d'ouverture est restreint.

Pour ces objets, l'on se sert alors de la ressing, qui donne, en raison du coup frappé, plus ou moins de relief à la partie de l'ornement que vous avez à repousser. Les renseignements nécessaires à cet outil sont décrits dans la première partie de ce livre au chapitre XXIII.

Art nouveau

A côté de ces styles classés, tels que Louis XIV, Louis XV, Louis XVI, Renaissance et Empire, styles qui sont faits couramment dans le service de table, ainsi que dans l'orfèvrerie petite partie, tels que services de fumeurs, garnitures de toilette, garnitures de bureau, etc., etc., il existe l'art nouveau. Ce nouveau style est composé avec des fleurs, des figures, des oiseaux, etc., et presque toujours accommodé avec des unis que l'on contourne dans tous sens, donnant à ces unis mouvementés, par des nervures de planoirs et des bosses savamment données, un genre de gaufré dont le découpé et le tortillonnage se rapprocheraient beaucoup du style japonais.

Ce style donne surtout de beaux effets de bijouterie-joaillerie, car, en général, les sujets sont décorés par des émaux de différents tons, accompagnés de différentes couleurs d'or. Pour les services de table ne pouvant accompagner le travail de ciselure de ce genre de décoration, les pièces sont patinées, donnant à l'argent un aspect gris genre étain, mais ayant l'inconvénient de s'altérer facilement, une simple goutte d'eau faisant immédiatement tache.

Très original dans son genre, ce style s'accommode facilement avec les sujets cités plus haut.

Par exemple un coquelicot : un des pétales placé sur le fond sera composé avec le profil d'une tête, les autres pétales venant se replier de telle manière qu'ils formeront décor autour de ce profil, un uni contourné dans tous sens, terminé genre racines, lesquelles serviront de point de départ à une branche de fleurs qui, elle, pourra servir aussi de point de départ soit pour le bec ou l'anse d'une cafetière, d'un sucrier ou d'une théière, etc., etc.

Ce style donne libre cours aux idées les plus originales, tout aussi bien dans tous métiers artistiques et décoratifs, sur étoffes, papiers peints et gaufrés, porcelaines, etc., etc. (Voir figures 54 à 59).

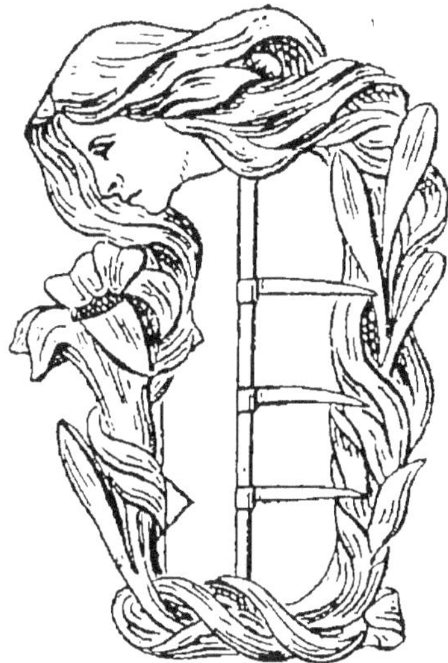

Fig. 54.   Boucle de ceinture
(art nouveau).

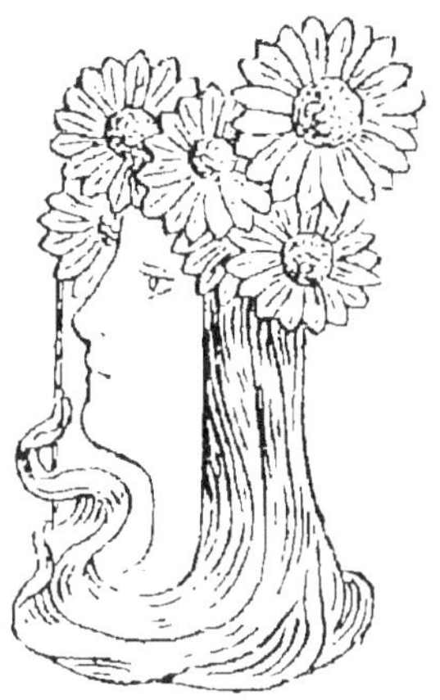

Fig. 55.
Bijou (art nouveau).

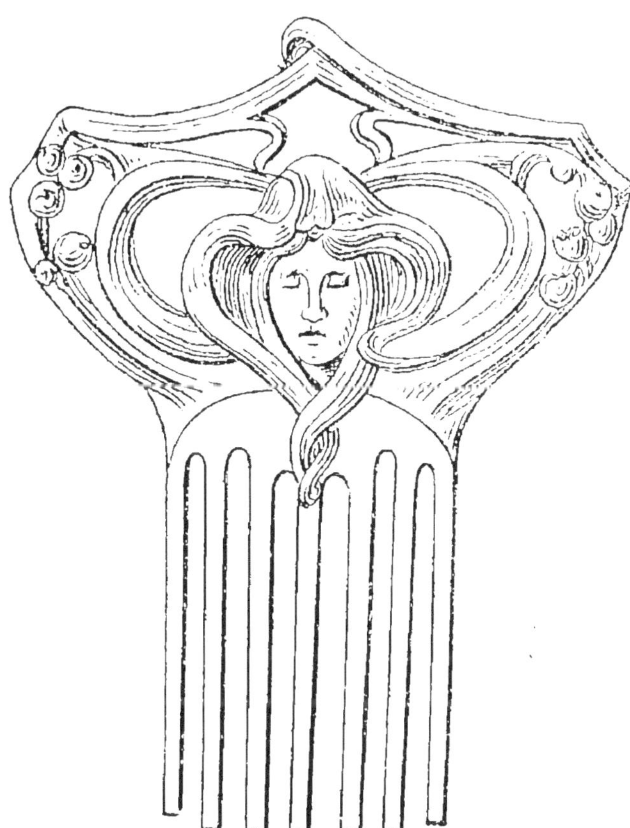

Fig. 56.   Peigne figure (art nouveau).

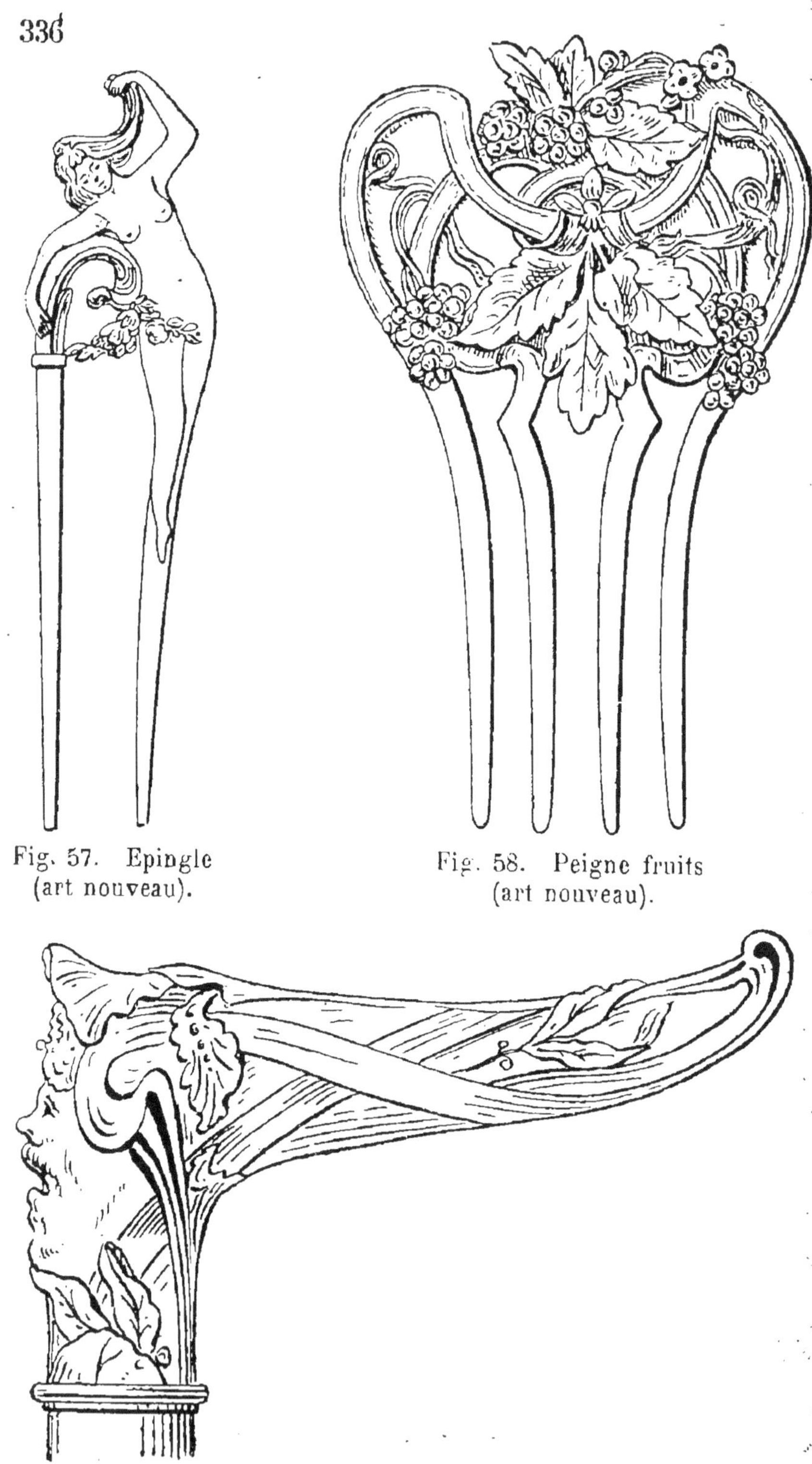

Fig. 57. Epingle
(art nouveau).

Fig. 58. Peigne fruits
(art nouveau).

Fig. 59. Pomme de canne (art nouveau).

II. CISELURE SUR ÉTAIN

Métal blanc, flexible et très malléable, en même temps que le plus fusible de tous les métaux qui puissent exister, l'étain donne un éclat rappelant celui de l'argent; ce métal ne se recuit pas et ne s'écrouit pas, restant mou et flexible.

De même que le plomb, ce sont les deux ennemis les plus grands de l'argent, le rongeant et arrivant à faire des trous dans les pièces d'orfèvrerie.

Lorsque dans le ciment avec lequel vous remplissez vos pièces existe une parcelle de ces métaux, le ciment ne vaut plus rien, dans le sens qu'il vous occasionne les désagréments cités plus haut.

Aussi, lorsqu'une pièce a pris contact avec l'étain ou le plomb, soit qu'elle aura été entenaillée à l'étau, soit par tout autre motif, trempez votre pièce dans de l'eau-forte très additionnée d'eau. afin que cet acide en fasse disparaître les traces, et naturellement cela avant de retirer le ciment qui existe dans votre pièce.

M. G. Dubouchet, dans son livre *L'art de l'Étain*, donne les détails suivants concernant cet art :

« Le minerai d'étain (bioxyde) existe très abon-
« damment en Angleterre, en Saxe et aux Indes, à la
« presqu'île de Malacca et dans l'île de Banca ; on

« le trouve dans les filons qui traversent les roches
« granitiques et dans les sables qui proviennent
« de la désagrégation de ces roches. On en rencon-
« tre en France sur la côte de Piriac, près de
« Nantes, et à Vaudry, près de Limoges. Il est
« d'ordinaire mêlé avec d'autres minéraux : sul-
« fures et arsénites de fer, de cuivre, de plomb,
« etc., etc.

« On le trie, le bocarde et le lave pour lui enle-
« ver toutes les matières terreuses ; on le grille
« ensuite pour oxyder et désagréger les sulfures
« et les arsénites. »

Dans l'art de l'étain, ce qu'il faut tout particulièrement, c'est d'éviter de se perdre dans les détails.
Les ornements seront repoussés en gras et ciselés
dans le même sentiment.

Quant aux calques à prendre sur ce genre de travail, le procédé est le même qu'il est décrit dans la
première partie.

Un nouveau système existe, c'est l'emploi d'un
crayon lithographique n° 2 ; la précaution à prendre pour l'emploi de ce crayon est de nettoyer
préalablement avec quelques gouttes de vinaigre
la surface que vous aurez à décorer. Mais le calque
au rouge ou au noir d'imprimerie sera utilisé de
préférence.

Il convient pour cet art, l'étain étant toujours
bien laminé, de prendre ce métal ni trop mou ni
trop dur.

Quant à l'épaisseur, elle varie suivant la forme et le genre de ciselure que vous voulez faire; néanmoins, la moyenne est toujours préférable.

Les outils employés sont les mêmes que ceux pour le repoussé sur argent, mais les clairs sont préférables, n'employant les mâts qu'en lancés pour varier les teintes.

En plus des outils ordinairement employés, l'on y ajoute le burin de différentes grosseurs et variant comme formes. Ce burin (fig. 60) doit être affûté

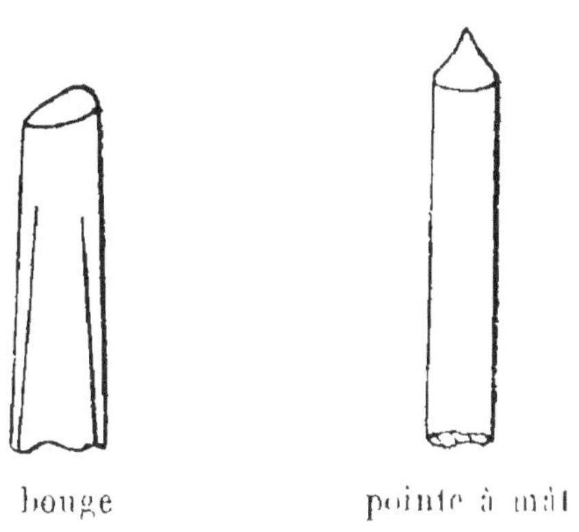

Fig. 60. Burins.

en sifflet, formant un angle très aigu et coupant. Cet outil sert à faire des tailles ou nervures dans les ornements ou feuillages.

Pour décimenter les pièces ou objets plats, tels qu'assiettes, plateaux, etc., voire même les plaques d'études, chauffer très légèrement à seule fin de rendre malléable le ciment, une trop forte flamme ferait fondre le métal et occasionnerait les inconvénients cités au commencement de ce chapitre.

C'est à ce genre de ciselure que l'on peut appliquer les poinçons à dessins de fonds (voir fig. 40); tous ces poinçons sont en acier.

FIN

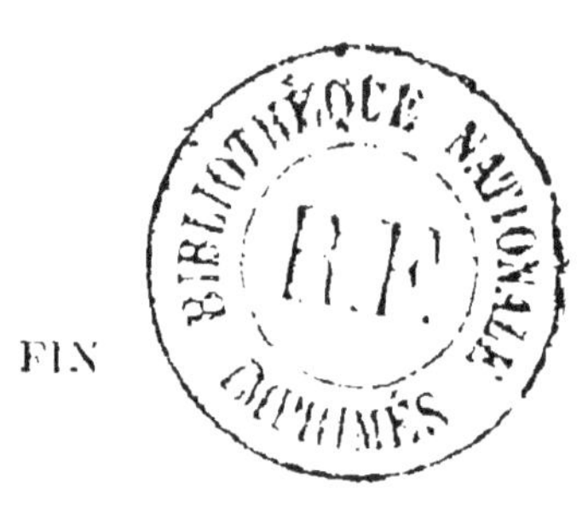

TABLE DES MATIÈRES

Pages

Préface   V

Chapitre premier. — Aperçus sur la ciselure et ses
    caractères à différentes époques.   1

    Antiquité.   1
    Moyen âge   3
    Renaissance.   4
    Styles Louis XIV, Louis XV, Louis XVI .   6
    Première République et Empire.   8

Chapitre II. — Des effets naturels et de l'influence
    de l'école littéraire, dite romantique, sur la cise-
    lure.   9

Chapitre III. — Des effets du modelé en ciselure
    d'art   17

CHAPITRE IV. — Métaux fondus. — Modèles et surmoulés or, argent, aluminium, bronzes, etc. —
Modèles pour galvanos   21

    Modèles pour fondus.   21
    Modèles pour gutta-percha   24

CHAPITRE V. — Du petit. — Ciselure de bagues,
broches, etc. — Figurines d'or pour l'émail . . .   27
    Figurines d'or pour l'émail.   32

CHAPITRE VI. — Réparure du bronze monumental.
— Statues équestres, etc., etc. — De la molette.   35

    De la molette pour ciseleurs   38
    De la molette des tourneurs   39

CHAPITRE VII. — Des soudures. — Des ragréures
de montures et pièces à froid. — Des rivets taraudés et non taraudés. — Des rivets à propos du
vert antique.   41

    Des ragréures   41
    Des pièces à chaud et à froid   45
    Des rivets.   46
    Des rivets non taraudés   48
    Des rivets à propos du vert antique. . . .   49

CHAPITRE VIII. — Des moyens de faire tenir les
bustes, statues et autres pièces minces qui ne peuvent être mises en ciment ni à l'étau   51

    Des moyens de les faire tenir.   52

CHAPITRE IX. — De l'habileté.   55

CHAPITRE X. — Observations sur les bronzes qui doivent être dorés isolément, pour meubles et montures de porcelaines   57

CHAPITRE XI. — Des passes à l'eau-forte   61

CHAPITRE XII. — De la ciselure et de la retouche moderne des galvanos or, argent et cuivre   67

CHAPITRE XIII. — De quelques effets métalliques considérés comme art   71

CHAPITRE XIV. — Des bronzages artificiels et des bronzés naturels. — Du vert antique. — Des bronzages dits florentins et du vrai bronzé florentin .   73

Du vert antique.   74
Bronzages dits florentins.   75
Véritable bronzé florentin.   77

CHAPITRE XV. — Ciselure du zinc. — De l'écouane.   79

CHAPITRE XVI. — Des creux en cuivre à couler les zincs d'imitation.   83

CHAPITRE XVII. — Des matrices en fonte de fer et des moyens d'attendrir la fonte.   89

CHAPITRE XVIII. — Des creux en cuivre et en fonte de fer pour la cristallerie.   95

CHAPITRE XIX. — Le livre du moine Théophile . .   97

CHAPITRE XX. — Des moyens employés au temps de Benvenuto Cellini, comparés à ceux d'aujourd'hui.   105

Méthode de Caradosso   106
Méthode de Benvenuto Cellini.   108
Analyse de la méthode Caradosso   110
De la ressing   113

CHAPITRE XXI. — Repoussés modernes. — Figures ronde-bosse. — Moyens comparés à ceux du temps de Benvenuto Cellini.   117

CHAPITRE XXII. — Préparation des hauts et bas-reliefs sur surface plane et sur surface circulaire, ouverte et fermée   127

CHAPITRE XXIII. — Ciselure d'orfèvrerie d'église et de table. — Repoussé et tracé. — Du travail à la corde. — De la ressing. — Dessin des plateaux de table. — Abréviation. — Du fondu 133

Repoussé d'église. 133
Du travail à la corde. 135
De la ressing 140
Dessin des plateaux de table 147

CHAPITRE XXIV. — Des clinquants 153

CHAPITRE XXV. — Des métaux ductiles propres à repousser. — Or, argent, platine, aluminium, cuivre, plomb, fer 157

CHAPITRE XXVI. — Des ciments à coller et à repousser 165

Essai des ciments 168
Des poêlons. 170
Des mises en ciment. 170

CHAPITRE XXVII. — Un service rendu par une petite chose. 177

CHAPITRE XXVIII. — Dégâts occasionnés par le plomb sur l'argent, et moyens de les prévenir . . 179

CHAPITRE XXIX. — Des décimentés. — Des nettoyages. — Du chalumeau 183

Du chalumeau. 186
Nettoyages. 188

CHAPITRE XXX. — Des recuits 189

CHAPITRE XXXI. — Des dérochés à chaud et à froid. 191

CHAPITRE XXXII. — Moyens de produire les oxydations, dites vieil argent ou argent oxydé. 193

CHAPITRE XXXIII. — Des restaurations et des imitations 195

CHAPITRE XXXIV. — Du champ-levé des émaux byzantins, à l'outil et aux acides 199

    Champs-levés à l'outil 199
    Champ-levé à l'eau-forte 200

CHAPITRE XXXV. — Ciselure du fer, de l'acier. — Origine en France. — Champ-levé, repoussé. — Armures. — Portes de la galerie d'Apollon, au Louvre. — Recuits. — Décapage 205

    Portes de la galerie d'Apollon, au Louvre . 208
    Du fer 210
    De l'acier 211
    Des recuits 212

CHAPITRE XXXVI. — Du plomb comme ciselé . . . 213

CHAPITRE XXXVII. — Du dessin à la ciselure . . . 217

CHAPITRE XXXVIII. — De quelques raisons anatomiques 223

CHAPITRE XXXIX. — Des expressions. 229

CHAPITRE XL. — Des draperies. 233

CHAPITRE XLI. — De la forme 237

CHAPITRE XLII. — Des animaux 239

CHAPITRE XLIII. — De l'étau. — Des mâchoires de plomb. 243

    De l'étau 243
    Des mâchoires de plomb 246

CHAPITRE XLIV. — Préparation, taille, retaille et trempe des rifloirs. 247

Préparation 247
Taille. 252
De la trempe des rifloirs 259

CHAPITRE XLV. — Des outils dits de chic ; moyens
de les faire soi-même 263

CHAPITRE XLVI. — De quelques différences entre
les outils à repousser et ceux à ciseler le fondu.
— Des traçoirs . . . . ' 269

Des traçoirs. 270

CHAPITRE XLVII. — Des outils coupants : ciseaux,
gouges, burins, agnettes, grattoirs. — Observations sur leurs formes, sur la manière de les tremper, de les faire revenir et leur affûtage. — De la
nature des pierres à huile et du moyen de les
dresser 273

Outils coupants en général 273
Des ciseaux 274
De la trempe des outils coupants 277
Des pierres à huile. 279

CHAPITRE XLVIII. — Des moyens d'adoucir. — Des
poncés. — Des cardes. — Des gratte-bosses. — De
l'émeri sur papier et en poudre 281

Des adoucis et des poncés. 281
De la carde 283
Des gratte-bosses 284
Du papier émeri et de l'émeri en poudre. . 285

CHAPITRE XLIX. — Des boulets 287

CHAPITRE L. — Des blots. 291

CHAPITRE LI. — Des marteaux 295

CHAPITRE LII. — Des tabourets. 299

APPENDICE

Chapitre LIII. — Outillage et maintien de l'outil. 300

I. Maintien de l'outil. 300

II. De l'outillage 305

Traçoirs. 305
Planoirs. 307
Mâts 311
Mât quadrillé 312
Mât à la pointe 312
Mât à la bouterolle sablé. 312
Mât à rocailles 313
Des différents grains de mât 313
Des perloirs et bouterolles 315
Des différents outils 316

III. De la manière d'emmancher un marteau. . 318

IV. De la division d'une pièce 320

Chapitre LIV. — Ciselure 323

I. Premiers exercices pour la ciselure 324

Art nouveau. 333

II. Ciselure sur étain 337

FIN DE LA TABLE DES MATIÈRES

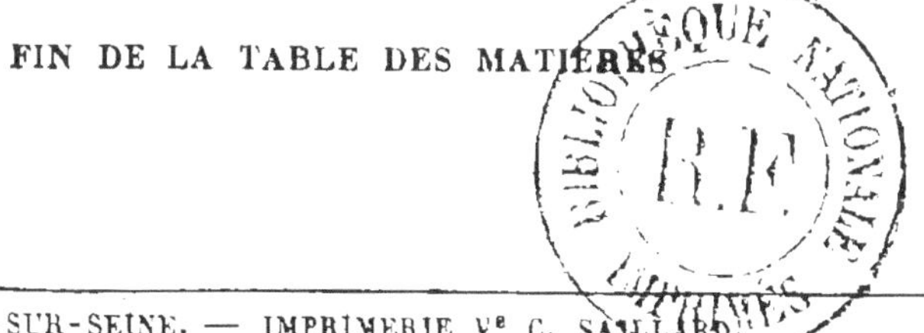

BAR-SUR-SEINE. — IMPRIMERIE Vᵉ C. SAILLARD.